KB194305

4단계 읽기로 비문학 독해가 쉬워지는
중등 처음 신문

1판 1쇄 발행 2025년 5월 30일

지은이   김청연

편집   이혜재
제작   세걸음

펴낸이   이혜재
펴낸곳   책폴
출판등록 제2021-000034호
전화   031-947-9390
팩스   0303-3447-9390
전자우편 jumping_books@naver.com

© 김청연, 2025

ISBN 979-11-93162-47-7 (43370)

너와 나, 작고 큰 꿈을 안고 책으로 폴짝 빠져드는 순간
책폴

블로그   blog.naver.com/jumping_books
인스타그램 @jumping_books

이슈 ▶ 배경 ▶ 관점 ▶ 심화

4단계 읽기로
비문학 독해가 쉬워지는

중등 처음 신문

김청연 지음

"그 뉴스 봤어?"

사람들은 종종 이런 질문을 주고받습니다. '뉴스'는 우리 자신을 중심으로 동서남북에서 들려오는 갖가지 소식들을 뜻해요. 여러 분야 뉴스를 소개하는 '신문'이라는 매체는 단순한 소식을 넘어 지금 우리가 사는 사회와 그 안에 있는 사람들, 그들의 다양한 생각을 생생히 보여 주는 창 역할을 하죠.

저는 오랜 시간 교육 매체 취재 기자, NIE 전문 기자로 일해 오면서 신문 읽기의 중요성을 알려 왔어요. NIE란, Newspaper In Education, 즉 '신문 활용 교육'의 줄임말로 신문을 활용하여 다양한 교육 활동을 하는 것을 뜻해요. NIE에선 종이 신문을 활용하는 것이 일반적이에요. 그런데 온라인 시대가 열리면서 종이 신문을 읽는 사람 그리고 신문으로 NIE 활동을 하는 문화가 줄어든 게 조금 아쉬웠어요.

이 책은 최근 온·오프 신문 매체에서 다뤘던 여러 뉴스 중 우리가 꼭 알아 됐으면 하는 뉴스를 선별해 종이 신문 방식으로 소개하고 있어요. 마치 종이 신문을 펼쳐 읽듯 각 뉴스를 [이슈 → 배경 → 관점 → 심화] 흐름으로 차근히 살펴보면서 그 맥을 찬찬히 짚어 볼 수 있게 했죠. 정치,

경제, 사회, 문화, 교육, 환경, 국제, 과학, 스포츠 등 다양한 분야 뉴스를 골고루 담았다는 점도 《중등 처음 신문》만의 특징이에요. 여러분이 그동안 '뉴스 편식'을 해 왔다면, 이 책을 통해 다양한 분야의 뉴스를 골고루 만나 봤으면 해요.

신문을 읽으면 좋은 점이 몇 가지 있어요. 신문은 우리가 몰랐던 정보를 접할 수 있게 해 줘요. 신문을 많이 읽으면 어휘력, 문장력도 길러지죠. 신문에 실린 기사에서 주장, 근거나 이유 등을 짚어 보면 논리력도 쑥쑥 자란답니다. 이렇게 신문 읽는 활동을 꾸준히 하다 보면 여러분에겐 어느새 '세상을 지혜롭게 바라보고 판단하는 눈'이 생길 겁니다.
"그 뉴스 봤어? 내 생각은 말이야."

이 책을 통해 여러분이 "그 뉴스 봤어?"라는 질문에 더해 해당 뉴스에 대한 자신의 생각까지 소신 있게 말할 수 있게 되면 참 좋겠어요. 어렵지 않아요! 하루 한 번 규칙적으로 운동을 하다 보면 일 년 뒤 건강해진 자신을 만나 볼 수 있는 것처럼 한 주에 한 뉴스, 일 년에 52개의 뉴스를 읽고 나면, 어느새 내 생각을 말할 수 있는 여러분 자신을 만나게 될 겁니다. 그럼, 《중등 처음 신문》을 함께 펼쳐 볼까요?

《중등 처음 신문》 독자 여러분께

안녕하세요, 독자 여러분!
《중등 처음 신문》만의 특징을 먼저 살펴볼까요?

① [이슈]→[배경]→[관점]→[심화]라는 흐름으로 구성했어요.
어떤 사건이 일어났을 때, 그 사건이 나오게 된 '배경' 그리고 이 사건을 둘러
싼 여러 '생각(관점)'을 살펴보는 것이 매우 중요해요. 《중등 처음 신문》에 실
린 모든 기사는 [이슈]→[배경]→[관점]→[심화]라는 흐름으로 구성되어 있어
요. [이슈]는 육하원칙으로 이루어진 기본적인 기사라고 할 수 있어요. [배경]
은 이슈와 관련한 키워드에 대한 설명 또는 이슈가 나오게 된 갖가지 배경을
다룹니다. [관점]은 이슈를 둘러싼 세상 사람들의 다양한 의견을 담았어요.
[심화]는 그 밖에 우리가 더 알아 둬야 할 것들을 살펴본 코너입니다.

② '비문학 글쓰기의 맛'을 살리려 접속사를 최대한 줄였습니다.

흔히 기사를 비롯해 비문학 분야 글을 두고 '경제적인 글'이라고 말합니다. 더 간결하게 압축하여 정보를 담는 게 중요하기 때문이죠.《중등 처음 신문》에 실린 글은 기사문 특유의 경제성을 추구하고자 '그리고', '그래서', '하지만' 등 접속사를 최대한 줄였어요.

③ 분야를 넘나드는 기사도 많아요.

지금은 정치/경제/사회/문화/교육/환경/국제/과학/스포츠 등 전 분야가 우리 생활에 밀접한 영향을 끼치는 시대죠. 그런 의미에서《중등 처음 신문》은 여러 분야 기사들을 고루 소개합니다. 때론 경제와 정치, 문화와 과학 등 분야를 넘나드는 기사들도 있어요. 기자 둘 이상이 공동 취재하여 쓴 기사죠. 이를 통해 각각의 분야가 서로 영향을 주고받고 있음을 이해하고, '통합적 사고'를 하시길 바랍니다.

《중등 처음 신문》 기자단

[정치/경제부 이진실 기자 honest@책폴.com]
뉴스를 '쉽게' 만나도록 기사를 씁니다.

[사회/교육부 눈밝음 기자 brighteyes@책폴.com]
'더 관심 있게' 세계를 들여다보도록 기사를 씁니다.

[국제/과학·환경부 송시야 기자 worldwide@책폴.com]
'더 넓게' 세상을 볼 수 있도록 기사를 씁니다.

[문화/스포츠/연예부 안테나 기자 antenna@책폴.com]
'더 입체적으로' 소식을 만나도록 기사를 씁니다.

★ 이렇게 읽고 활용해요

해당 뉴스가 어떤 분야에 속했는지를 말해 줍니다.

누가, 언제, 어디서, 무엇을, 어떻게, 왜 등 육하원칙으로 된 기사문의 기본 형식으로 이루어져 있어요. 다른 말로 '스트레이트 기사'라고도 합니다. 최근 뉴스 중 52개의 시사 이슈를 선별하여 소개합니다.

매주 하나씩 다양한 52개의 TOPIC을 만날 수 있습니다.

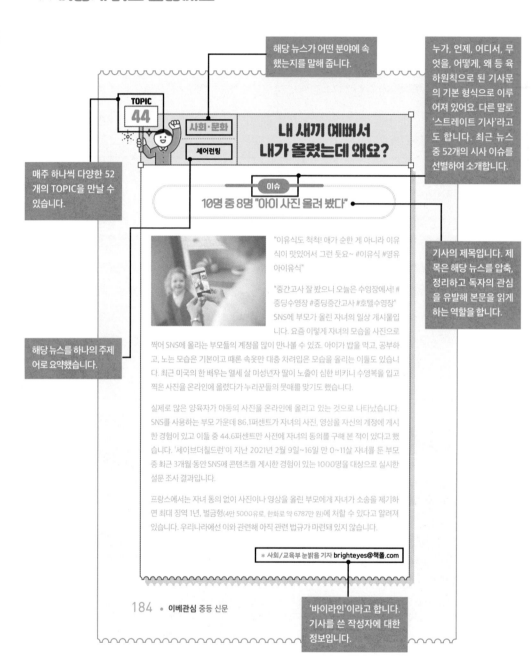

TOPIC 44

사회·문화

셰어런팅

내 새끼 예뻐서 내가 올렸는데 왜요?

이슈

10명 중 8명 "아이 사진 올려 봤다"

기사의 제목입니다. 제목은 해당 뉴스를 압축, 정리하고 독자의 관심을 유발해 본문을 읽게 하는 역할을 합니다.

"이유식도 척척! 애가 순한 게 아니라 이유식이 맛있어서 그런 듯요~ #이유식 #영유 아이유식"

"중간고사 잘 봤으니 오늘은 수영장에서! #중딩수영장 #중딩중간고사 #호텔수영장"

SNS에 부모가 올린 자녀의 일상 게시물입니다. 요즘 이렇게 자녀의 모습을 사진으로 찍어 SNS에 올리는 부모들의 계정을 많이 만나볼 수 있죠. 아이가 밥을 먹고, 공부하고, 노는 모습은 기본이고 때론 속옷만 대충 차려입은 모습을 올리는 이들도 있습니다. 최근 미국의 한 배우는 열세 살 미성년자 딸이 노출이 심한 비키니 수영복을 입고 찍은 사진을 온라인에 올렸다가 누리꾼들의 뭇매를 맞기도 했습니다.

실제로 많은 양육자가 아동의 사진을 온라인에 올리고 있는 것으로 나타났습니다. SNS를 사용하는 부모 가운데 86.1퍼센트가 자녀의 사진, 영상을 자신의 계정에 게시한 경험이 있고 이들 중 44.6퍼센트만 사전에 자녀의 동의를 구해 본 적이 있다고 했습니다. '세이브더칠드런'이 지난 2021년 2월 9일~16일 만 0~11살 자녀를 둔 부모 중 최근 3개월 동안 SNS에 콘텐츠를 게시한 경험이 있는 1000명을 대상으로 실시한 설문 조사 결과입니다.

프랑스에서는 자녀 동의 없이 사진이나 영상을 올린 부모에게 자녀가 소송을 제기하면 최대 징역 1년, 벌금형(4만 5000유로, 한화로 약 6787만 원)에 처할 수 있다고 알려져 있습니다. 우리나라에선 이와 관련해 아직 관련 법규가 마련돼 있지 않습니다.

＊ 사회/교육부 눈밝음 기자 brighteyes@책폴.com

해당 뉴스를 하나의 주제어로 요약했습니다.

184 ● 이베관심 중등 신문

'바이라인'이라고 합니다. 기사를 쓴 작성자에 대한 정보입니다.

이슈에서 다룬 사건이 나오게 된 배경이나 맥락, 이슈와 관련한 키워드를 알아봅니다.

배경

'셰어런츠'가 쏘아올린 '셰어런팅'

SNS에 자녀의 일상을 사진이나 영상으로 찍어 올리며 공유하는 행위를 '셰어런팅(sharenting)'이라고 합니다. '공유(share)'와 '양육(parenting)'의 합성어죠. 셰어런팅 하는 부모들이 늘어나면서 이들을 부르는 말 '셰어런츠(sharents)'도 등장했습니다. 셰어런츠라는 말은 영국의 일간지 《가디언》에서 제일 처음 사용했어요. 《가디언》의 분석에 따르면, 셰어런츠는 소셜 미디어가 처음 등장했을 때부터 활발히 참여했던 사람들로, 낯선 사람과 자신의 생각을 공유하는 데 익숙한 이들이라고 해요.

이슈를 둘러싼 여러 가지 의견들을 소개해요. 찬반이 대립하는 의견뿐 아니라 갖가지 다양한 의견들을 정리했습니다.

관점

범죄 이용될까 걱정 vs. 남의 일에 왜 간섭?

셰어런팅은 아이의 삶에 영향을 끼칠 가능성이 큽니다. 얼굴을 비롯해 이름, 다니는 학교와 학원 정보, 동선 등이 노출되다 보면 유괴범이 접근할 수도 있을 겁니다. 영상에서 아이의 모습이나 목소리를 추출해 가짜 영상을 만들 위험도 커집니다. 영국의 한 다국적 금융서비스 기업(Barclays PLC)은 "2030년에는 '셰어런팅'으로 인해서 최대 700만 건의 신원 도용이 발생하고, 8억 달러 이상의 온라인 사기가 발생할 수 있다"고 경고한 바 있습니다.

한편, "내 아이 사진을 내가 올리겠다는데 이를 법으로 규제하는 건 국가의 과도한 간섭, 통제 아닌가?" 하는 의견도 있습니다. 또한, "양육하는 부모들이 다양한 정보를 신속하게 공유할 수 있는 좋은 수단인데 뭘 그렇게 안 좋게만 보느냐"는 반응도 있습니다.

★ 이렇게 읽고 활용해요

'이슈'에 대해 더 나눌 만한 정보는 없는지, '관점'에 나온 의견에 더해 다른 대안은 없는지를 '심화' 부분에서 살펴봅니다.

심화

중요한 건 '아이가 동의했느냐' 아닐까?

자녀가 나온 사진, 영상 등을 온라인에 게시할 때는 당사자들의 동의 여부가 중요하다는 생각도 해 봐야 합니다. 국제아동권리 비정부기구(NGO) 세이브더칠드런이 2023년 전국 10~18세 아동·청소년 1000명을 대상으로 실시한 설문 조사에 따르면, 어린이·청소년 97.7퍼센트는 "다른 사람이 동의 없이 내 개인정보를 올린 경우 삭제나 수정을 요청할 것이다"라고 답했습니다.

시사 용어들을 통해 최근 사회 현상이 어떻게 변화하고 있는지 변화상을 엿볼 수도 있습니다.

덕분에 만나는 시사 용어

• 잊힐 권리

온라인상에 내 굴욕 사진이 올라와 있다면? 누구라도 지우고 싶어지겠죠? 이런 개인정보나 기록을 삭제해 달라고 요청할 수 있는 권리를 두고 '잊힐 권리'라고 말합니다. 세이브더칠드런이 2023년 전국 10~18세 아동·청소년 1000명을 대상으로 시행한 설문 조사 결과를 보면, 아동 10명 중 9명이 디지털 환경에서 아동의 '잊힐 권리'를 법으로 보장하는 데 찬성한 것으로 나타났는데요. 여러분은 '잊힐 권리'에 대해 어떤 생각을 갖고 있나요?

수리수리 논술이

Q1. '셰어런팅', '셰어런츠'는 각각 무엇을 뜻하는 말일까요? 기사에서 찾아 간략히 정리해 보세요.

....

기사를 읽고 여러분만의 생각을 키우는 코너예요. Q1, Q2는 기사 요약하기, 사건의 배경 또는 이유, 근거 정리하기로 구성했습니다.

186 • 이베관심 중등 신문

Q2. 셰어런팅으로 논란이 된 사례들로는 뭐가 있을까요? 기사에서 찾아 간략히 정리해 보세요. 다른 온라인 기사를 참고해도 좋습니다.

....

....

Q3. 셰어런팅에 대한 여러분의 생각이 궁금합니다. 아래 두 친구처럼 자신의 생각을 간략히 써 보세요.

부모님이 SNS에 제 사진을 올린다고요?

	주장	주장에 대한 이유나 부연 설명
찬혁	○절대 반대입니다!	○제가 아직 어려서 부모님 허락을 받아야 하는 일도 있지만 이 부분은 부모님이 제 허락을 받는 게 맞다고 생각해요. '초상권'인가 하는 것도 있잖아요. 초상권에 따라 누군가의 동의 없이 그 사람의 사진을 찍어도 안 되고, 그 사진을 올려도 안 된다고 들었어요.
솔이	○시간 지나서도 남아 있을까 걱정돼요!	○엄마가 육아 채널을 운영하시는데, 제가 예쁘게 잘 나온 사진을 올린다면, 싫지 않을 거 같아요. 제 동의를 받아서 올리는 건 괜찮아요. 하지만 걱정이 있긴 해요. 나중에 컸을 때 제 사진이 온라인에 계속 남아 있으면 좀 부끄러울 수도 있잖아요.

사회·문화 [셰어런팅] • 187

TIP 1 기사 똑똑하게 읽는 법 ······ 016

CHAPTER 1

차례

차례

CHAPTER 4

기사 똑똑하게 읽는 법

온라인 시대. 정보는 넘쳐 나지만, 양질의 정보를 찾기는 어려워요. 가짜 뉴스도 많고요. 이런 시대에는 각종 매체에 실리는 기사를 '똑똑하게' 보는 눈이 필요하죠. 그런 여러분을 위해 기자단이 총 4회에 걸쳐 〈기사 똑똑하게 읽는 법〉을 준비했습니다. 아래 내용을 참고하여 우리가 만나는 각종 기사, 정보 콘텐츠를 날카로운 눈으로 읽어 보세요!

Q. 제목에 자극적·선정적 표현이 달렸다고요?

기사에 달린 제목은 다른 말로 '헤드라인'이라고 합니다. 일반적으로 띄어쓰기 포함 15자 정도로 이루어져 있고, 기사 내용을 적절히 요약하면서 독자에게 호기심을 주면 '좋은 제목'이라 부르죠. 하지만 요즘 나오는 기사 제목을 보면 지나치게 자극적인 어휘, 선정적인 표현을 사용하는 경우가 많아요. 사람들의 선택을 받고자 무리수를 두는 거죠. '충격', '경악', '아찔' 등을 비롯해 자극적·선정적 어휘가 붙었다면 일단 의심해 볼만합니다. 더불어 제목과 내용이 다른 경우도 좋은 기사라고 할 수 없죠.

CHAPTER

1

문화

교육

사회

정치

환경

국제

경제

사회·문화

MBTI 열풍

당신은 외향형?
내일부터 당장 출근해요!

이슈

취업, 결혼에까지 활용되는 MBTI

"MBTI가 어떻게 되시나요?"

요즘 이런 질문을 주고받는 사람들이 많습니다. MBTI는 일상생활에 활용할 수 있도록 고안된 성격유형 지표를 말합니다. 그저 재미로 내 성격을 알아보는 것을 넘어 최근에는 채용 및 결혼 업계에서까지 MBTI가 활용되고 있습니다.

일부 기업들은 자기소개서 단계에서 MBTI를 적게 합니다. 아르바이트 구직 사이트엔 특정 유형의 MBTI를 우대한다는 공고가 등장하기도 했죠. 한 취업 컨설팅 업체 관계자는 "기업에서 E(외향) 인력을 뽑는데 I(내향) 지원자를 불러 굳이 면접까지 볼 필요는 없을 것"이라며 "효율적이라는 점에서 MBTI를 활용하는 기업들이 늘고 있다"고 설명합니다.

MBTI는 지원자 입장에서 자신의 강점을 적극적으로 어필할 수 있는 도구이기도 합니다. 최근 면접을 봤다는 한 직장인은 "사업을 체계적으로 설계할 사람을 뽑고 있다고 해서 계획성이 있는 J(판단형) 성향임을 적극적으로 드러냈다"고 말합니다.

일부 결혼 정보 회사에선 초기 상담 단계부터 MBTI를 확인합니다. 결혼 정보 회사 관계자는 "고객들이 먼저 MBTI 제출하길 원한다"며 "이 자료 하나만으로 커플이 될 가능성이 매우 커진다고 장담할 순 없겠지만 상대적으로 커플 매칭률이나 만족도를 높일 수는 있다고 본다"고 말했습니다.

＊ 문화/스포츠/연예부 안테나 기자 antenna@책폴.com
사회/교육부 눈밝음 기자 brighteyes@책폴.com

인간의 성격을 16개 유형으로 분류한 성격 검사

MBTI는 4가지 지표에 따라 성격을 16개 유형으로 분류하는 성격 검사입니다. 1944년 미국의 캐서린 쿡 브릭스와 그의 딸 이사벨 브릭스 마이어스가 스위스 심리학자 칼 융의 이론에 기반해 만든 것입니다. 당시 MBTI는 제2차 세계대전 당시 여성과 적합한 일자리를 찾는 데 활용됐다고 합니다.

MBTI가 유행하게 된 건 2020년 안팎으로 추정됩니다. 혈액형, 별자리로 성격 유형을 구분할 수도 있지만, 이보다는 MBTI가 좀 더 다양한 성격 유형을 설명하고 있다는 평가를 받아 왔습니다.

"I는 거르고, E 위주로 면접 보게 해!"

MBTI유행 현상에 대해 의문을 갖거나 비판하는 목소리도 있습니다. 16가지 유형으로 사람의 복잡한 성격을 정의 내리긴 어렵기 때문이죠. 또한, 선천적·후천적 요인 등 다양한 변수가 있을 수도 있겠죠. 셀프 검사인만큼 왜곡 가능성도 배제할 수 없습니다. 그런 탓에 사람의 성향을 큰 틀에서 알아보는 정도로 MBTI를 참고해야지 온 사회가 여기에 '과몰입'하는 게 맞느냐는 말도 들려옵니다.

MBTI에 따른 편견으로 불이익을 받을까 봐 걱정된다는 취업 준비생들도 있어요. 분야마다 조금씩 다르겠지만, 일반적으로 취업 시장에선 I(내향형)보다는 E(외향형)를 선호하는 현상이 두드러진다고 합니다.

유전자·미생물 검사, 퍼스널 컬러 진단도 등장

최근엔 MBTI를 넘어 참 다양한 '자기 분석' 방법이 등장하고 있어요. 유전자·미생물 검사, 퍼스널 컬러 진단 등도 자기 분석의 한 경향이죠. 유전자 검사의 경우 자신의 탈모, 비만, 피부 노화 등의 여부를 파악하고 싶다며 이용하는 사람들이 많다고 해요. 전문가들은 "이런 자기 분석은 사람들이 그만큼 '나'에 대해 관심이 많고, 나를 잘 가꾸기 위한 욕망에 사로잡혀 있는 현상을 보여 준다"고 분석합니다.

덕분에 만나는 시사 용어

● 스펙

취업 관련 기사를 보면 많이 보게 되는 단어가 바로 '스펙'이죠. 스펙은 '설명서'라는 의미의 스페시피케이션(specification)의 줄임말로, 주로 직장을 구하는 사람들 사이에서, 학력, 학점, 외국어 성적, 자격증 등을 아울러 이르는 말입니다. MBTI가 유행인 시대, 채용 시 MBTI 결과를 제출하라는 기업 측의 말에 취업 준비생들은 이렇게 말합니다. "성격이 스펙인가요?" 이 질문에 여러분은 어떤 답변을 할 거 같나요?

수리수리 논술이

Q1. 'MBTI'는 무엇을 뜻하는 말인가요? 기사에서 찾아 간략히 정리해 보세요.

....

....

Q2. 'MBTI 유행 현상'을 말해 주는 사례로는 뭐가 있을까요? 기사에서 찾아 간략히 정리해 보세요. 다른 온라인 기사를 참고해도 좋습니다.

....

....

Q3. MBTI에 과몰입한 사회에 대한 여러분의 생각이 궁금합니다. 아래 두 친구처럼 자신의 생각을 써 보세요.

"너 MBTI가 뭐야?"

	주장	주장에 대한 이유나 부연 설명
승현	○ MBTI를 너무 믿어서는 안 되죠.	○ 사람이 얼마나 다양한데요. 16개 성격 유형에 안 들어가는 사람들도 분명히 있을 겁니다. 스스로 검사해서 나온 결과이기 때문에 오류도 많을 거고요. 이 자료를 취업이나 결혼 등에 반영한다는 건 너무 바보 같은 짓이에요.
서정	○ 채용에서 적절히 반영하는 건 괜찮다고 생각해요.	○ 기업이 사람을 뽑을 때 너무 많은 인원이 몰리면 추리기가 힘들잖아요. 그럴 때 MBTI를 적절히 잘 활용하면 시간 낭비도 줄이고 괜찮다고 생각합니다. 큰 틀에서는 어느 정도 맞는 결과가 나오니까요.

교육
....
AI 디지털 교과서

로봇이 여러분의 공부를 도와드려요

학교 현장에 'AI 디지털 교과서' 도입

2025년부터 학교 현장에 특별한 교과서가 옵니다. 교육부는 2023년 6월 디지털 교육 혁신을 위해 2025년부터 '인공지능(AI) 디지털 교과서'를 도입한다고 밝혔습니다.

이로써 2025년에는 초3·4학년, 중1학년, 고1학년이 AI 디지털 교과서로 공부하게 될 예정입니다. 교육부에 따르면 AI가 학생의 개별 성취도를 파악해 학습 속도가 빠른 학생에겐 심화 과정을, 느린 학생에게는 보충 학습을 제공하는 수업이 이뤄질 것으로 보입니다.

교육부가 AI 디지털 교과서를 도입하는 이유는 학습 성취도나 이해도가 각기 다른 학생들에게 맞춤형 교육을 제공하기 위해서입니다. 교육부는 "학생 한 명 한 명이 중요한 시대에 교육에 기술을 더한 '에듀테크'를 활용해 교육 격차를 완화하고, 모두를 인재로 키우는 맞춤 교육을 실현하겠다"고 설명했습니다.

전국에 AI 디지털 교과서를 일괄 적용하는 것은 한국이 세계 최초입니다. 교육부의 구체적인 목표는 2028년까지 초등학교 3~6학년, 중학교, 고교 공통과목에 AI 디지털 교과서를 도입하는 것인데요. 발달 단계를 고려해 대면 학습이 중요한 초등학교 1, 2학년과 사회성 및 정서 함양이 강조되는 도덕, 음악, 미술, 체육은 종이 교과서를 그대로 쓸 계획입니다.

＊사회/교육부 눈밝음 기자 brighteyes@책폴.com

학생 강점·약점, 이해도까지 분석해요

AI 디지털 교과서는 AI 등의 기술을 이용해 다양한 학습 자료와 지원 기능을 탑재한 교과서를 뜻합니다. 기존의 디지털 교과서가 종이책을 디지털화한 일종의 전자책이었다면, AI 디지털 교과서는 학생별 맞춤형 교육을 지원한다는 점에서 차이가 있어요.

교육부에 따르면 이 교과서는 학생이 수업을 듣거나 문제를 푸는 동안 학생의 강점과 약점, 학습 태도, 이해도 등 학습 데이터를 실시간으로 수집하고 분석할 수 있습니다. 또한, 데이터를 기초로 학생에게 보충 학습 문제를 내주거나 심화 자료를 제공하는 것도 가능해요.

맞춤형 학습 환영 vs. 문해력 떨어질까 걱정

AI 디지털 교과서 도입에 대해선 찬반 의견이 팽팽하게 갈리고 있어요. AI 디지털 교과서가 개별 학생의 수준 등을 면밀히 수집, 분석하면 맞춤형 학습이 가능해지고, 자연스럽게 공교육의 질이 높아질 거라는 기대도 나옵니다.

반면, 디지털 기기를 사용함에 따라 학생들의 집중력, 문해력이 떨어질 것을 걱정하는 이들도 있습니다. 그러잖아도 디지털 기기로 인해 학생들의 주의 집중력과 학습 능력이 떨어졌다는 말이 나오는 때 이 교과서가 상황을 더 악화시키는 거 아니냐는 우려의 목소리죠.

디지털 기기 사용 효과, 전문가마다 의견 달라

학습에서 디지털 기기를 사용하는 데 대해선 전문가들 의견도 분분합니다. 스웨덴 왕립 카롤린스카 연구소는 보고서를 통해 "디지털 도구가 학습 능력을 해친다는 명확한 과학적 증거가 있다"고 주장했어요. 반면 호주 모내시대학 닐 셀윈 교육학 교수는 "기술은 교육을 구성하는 아주 복잡한 구조 중 일부분에 불과할 뿐"이라며 디지털 기기 활용이 학습에 방해가 된다고 단편적으로 설명할 수 없다는 지적을 하기도 했어요.

덕분에 만나는 시사 용어

• 디지털 리터러시
인공지능 교과서가 교실에 들어온다고 하자 사람들 사이에선 "학생들이 디지털 리터러시 능력을 길러야 할 상황에 무슨 인공지능 교과서냐?" 하는 비판이 나오기도 해요. '디지털 리터러시'란, 디지털 기술과 콘텐츠를 제대로 이해하고, 이를 비판적으로 해석하며, 올바르게 활용하는 능력을 말합니다. 여러분은 얼마나 뛰어난 디지털 리터러시 능력을 갖추고 있나요?

수리수리 논술이

Q1. 'AI 디지털 교과서'란 무엇인가요? 기사에서 찾아 간략히 정리해 보세요.

....

....

Q2. 정부가 AI 디지털 교과서를 도입하는 이유는 무엇인가요? 기사에서 찾아 간략히 정리해 보세요.

....

....

Q3. AI 디지털 교과서 도입에 대한 여러분의 생각이 궁금합니다. 아래 두 친구처럼 자신의 생각을 써 보세요.

AI 디지털 교과서가 교실에?

	주장	주장에 대한 이유나 부연 설명
효림	○인공지능 교과서 도입에 적극 찬성해요.	○우리가 기술을 만든 이유는 그것을 잘 활용하기 위해서잖아요. AI 교과서가 나오면 학생에 맞춤한 개별 수업이 가능하다고 들었어요. 수업을 잘 못 따라가는 친구들은 교과서로 보충하고, 공부 잘하는 애들은 자기 수준에 맞춰서 더 어려운 걸 배울 수 있어 좋을 것 같아요.
진석	○교실까지 인공지능이 들어오는 건 반대합니다.	○저는 인공지능 로봇이나 드론에 관심이 많은 편이지만 그래도 교실까지 인공지능이 들어오는 건 적절하지 않다고 생각합니다. 집에서도 부모님이 휴대폰 좀 그만 보라고 잔소리를 하시잖아요. 이런 기기에 익숙해지다 보면 머리 나빠진다고요. 그런데 수업에까지 이런 기기를 접하다 보면 집중이 안 될 것 같아요. 디지털 중독자가 나올 수도 있을 겁니다.

정치·사회

탕후루 국회 출석

탕후루가 왜 국회에서 나와?

이슈

탕후루 업체 대표, 국정감사 출석

바삭하고 달콤한 설탕 코팅 속에 맛있는 과일! '겉바속촉(겉은 바삭하고, 속은 촉촉한)' 디저트로 알려진 '탕후루'가 느닷없이 국회에 등장해 화제입니다.

2023년 10월 25일. 국정감사가 한창인 국회에 탕후루 프랜차이즈 업체 대표가 증인으로 출석했습니다. 탕후루는 산사나무 열매나 작은 과일 등을 꼬치에 꿴 뒤 설탕과 물엿을 입혀 만드는 중국 또는 대만 과자를 말하죠. 이 디저트가 국회에 등장한 이유는 탕후루가 어린이·청소년 사이에서 큰 인기를 끌면서 이들이 당류를 지나치게 섭취하게 되는 게 아니냐는 우려가 나왔기 때문입니다. 참고로 전국 초·중·고등학생 중 소아당뇨 환자는 2021년 3111명에서 2023년 3855명으로 2년 만에 23.9퍼센트 증가(교육부 자료)했습니다.

국정감사에서 한 국회의원은 "탕후루를 먹는 학생들이 많아지면서 학부모들이 소아비만, 소아 당뇨를 걱정하고 있다"고 말했습니다. 또한, "탕후루에 함유된 당을 줄이거나 천연 당을 쓸 수 있느냐"고 증인에게 질문했습니다. 이에 업체 대표는 "(탕후루의) 설탕 함유량은 딸기 9그램, 귤 14그램, 블랙사파이어 24그램 정도"라며 "이 정도면 국가에서 지정하는 당 함유량에 적합하다고 판단했는데, 부족한 부분이 있지 않았나 하는 생각에 지금도 끊임없이 개발 중이다"라고 답했습니다. 또한, "당 함유를 낮추도록 연구를 지속하고, 포장에도 성분 표시를 하겠다"는 뜻을 전했습니다.

＊ 정치/경제부 이진실 기자 honest@책폴.com
사회/교육부 눈밝음 기자 brighteyes@책폴.com

당이 대체 얼마나 높길래?

탕후루는 과일에 설탕을 굳혀 만듭니다. 과일에 있는 당에 설탕에 들어 간 당까지 더해지니 당 함량이 높을 수밖에 없겠죠. 식품의약품안전처에 따르면 탕후루 한 꼬치당 당류 함량은 대략 14~27그램 정도입니다. 세계보건기구(WHO)의 하루 당 섭취 권장량은 50그램. 당 함량 27그램의 탕후루 한 꼬치만 먹어도 하루 당류 섭취 권장량의 절반은 가뿐히 넘기게 됩니다.

탕후루는 유죄일까? 무죄일까?

정치권에서까지 탕후루라는 디저트에 특별히 관심을 두는 데는 이유가 있습니다. 국가는 국가 구성원의 건강할 권리를 지켜야 할 의무가 있기 때문입니다. 어떤 이들은 탕후루를 '어린이 기호식품'으로 지정해야 한다고 말합니다. 그렇게 되면 어린이 기호식품 전담 관리원이 어린이 식품 안전 보호구역 안에서 영양 성분 표시 등을 관리할 수 있습니다. 현재 탕후루는 '과·채 가공품'에 속하기 때문에 영양 성분 표시를 안 해도 됩니다. 탕후루 프랜차이즈 측에서 '비타민C', '피로 회복에 짱!' 등 과일의 좋은 효능만 강조해도 딱히 할 말이 없습니다.

  한편, "당이 높은 음식이 탕후루 하나만이냐?"라는 말도 나옵니다. 빵, 과자부터 달고나, 약과, 양갱… 등 떠올려지는 디저트가 꽤 많은 건 사실입니다.

'설탕 세금'을 받는 나라도 있다니!

당류가 들어간 음식은 중독성이 매우 높다고 알려져 있습니다. 이런 탓에 당류를 첨가한 음료의 제조 · 유통 · 판매자에게 세금을 더 거둬들이는 나라도 있습니다. 이를 '설탕세'라고 합니다. 지난 2016년 세계보건기구는 당이 들어간 음료에 설탕세를 부과할 것을 권고했고, 2022년 기준으로 설탕세를 부과하는 나라는 약 40개국에 이릅니다.

덕분에 만나는 시사 용어

● 군중심리

"남들 다 먹는다니까 나도 먹어 봐야지!"

혹시 탕후루 사건을 두고 '나는 그냥 남들 먹으니까 따라 먹어 봤는데…'라며 혼잣말을 하고 있다면? '남들이 다 먹으니까', '유행한다고 하니까'라는 이유로 뭔가를 소비하는 사람들도 있습니다. 이렇게 '따라쟁이'가 된 사람들의 심리를 '군중심리'라고 해요. 여러분도 일상에서 군중심리로 인해 뭔가를 생각 없이 사 봤거나 먹어 본 적 있나요?

수리수리 논술이

Q1. '탕후루'는 어떤 디저트인가요? 탕후루가 무엇인지 간략히 써 보세요.

....

....

Q2. '탕후루'가 국회에 등장한 이유는 뭔가요? 기사를 읽어 보고, 간략히 정리해 보세요.

....

....

Q3. 어린이와 청소년이 '탕후루'처럼 당이 매우 높은 음식을 먹는 데 대해 어른들 또는 국가의 관리가 필요할까요? 필요하지 않을까요? 여러분의 생각이 궁금합니다. 아래 두 친구처럼 자신의 생각을 써 보세요.

탕후루처럼 '달달한' 음식이요?

	주장	주장에 대한 이유나 부연 설명
진형	○국가가 관리해 줘야 해요!	○먹다가 건강 해치는 건 시간문제 아닌가요? 국가가 나서야 합니다! 국가는 국민의 건강을 지킬 의무가 있으니까요! 어른들 역시 아이들의 건강을 지켜 줄 책임이 있으니까요!
지현	○국가가 개인의 자유를 침해해선 안 되죠!	○아이들도 단 음식이 몸에 안 좋다는 건 알고 있어요. 개인이 먹고 싶어 먹겠다는데 그걸 국가가 관리하고, 제한해선 안 된다고 생각해요! 그건 자유를 침해하는 겁니다.

해외 유아차·전자제품, 일단 사세요!

해외 직구…다시 하셔도 됩니다

요즘 아마존 등 해외 사이트에서 물건을 '직접 구매'(이하 직구)하는 사람들이 많습니다. 같은 제품을 우리나라에서보다 훨씬 싸게 살 수 있기 때문인데요. 직구하는 사람들이 많은 상황에서 정부가 2024년 5월 16일 생활용품·어린이용품 등의 직구를 금지하기로 했다가 사흘 만에 철회했습니다.

정부는 5월 16일 우리나라의 품질 인증(=국가통합인증마크·KC)을 받지 않은 어린이 용품과 전기·생활용품 80개 품목의 직구를 금지하겠다고 발표했습니다. KC 인증을 받았어도 유해 성분이 들어간 제품은 들여올 수 없게 하겠다는 내용도 있었죠.

이는 발표되자마자 소비자들의 강한 반발에 부딪혔습니다. 특히 유아차 등 유아 용품을 직구로 사는 부모들의 반발이 거셌습니다. 이들은 "정부가 국민 안전을 챙기는 것은 의무이지만 소비자들이 사고 싶은 물건을 구매하지 못하게 완전히 차단해선 안 된다"고 항의했죠. 시민들의 불만이 커지자, 정부는 결국 정책을 접었습니다.

정부 측은 5월 19일 오후 브리핑을 열어 "해당 품목의 직구 전면 차단·금지가 사실이 아닌데도 대책 발표 때 구체적으로 세밀하게 설명하지 못했다"고 말했습니다. 또한, "(직구 차단은) 물리적으로, 법적으로 가능한 일이 아니다"라며 정책을 제대로 준비하지 못한 채 발표한 것도 사과했습니다.

＊ 정치/경제부 이진실 기자 honest@책폴.com

"국내 업체 지키고, 소비자 안전도 챙겨요"

정부가 해외 직구를 금지한 이유는 몇 가지로 정리할 수 있습니다. 우선 해외 온라인 플랫폼으로 초저가 중국산 제품이 밀려들면서 어려움을 겪고 있는 우리나라 업체들을 보호하자는 의미가 큽니다. 또한, 안전 인증 없이 들어온 일부 국외 직구 제품에서 유해성 물질이 검출됐다는 국내 검사 결과가 나오는 상황에서 국민 안전을 챙기자는 뜻도 있었죠. 실제 중국 이커머스 플랫폼에서 판매하는 다수 액세서리 제품에서 기준치보다 최대 700배 많은 발암 물질이, 어린이 제품에서 기준치보다 최대 380배나 많은 유해 물질이 검출된 바 있습니다. 더불어 가짜 제품의 범람, 개인 정보 유출 우려 등도 해외 직구 금지의 이유 중 하나입니다.

"대안도 없이 무조건 규제냐?" 불만도 나와요

정부의 해외 직구 금지에 대해선 "과도한 규제"라고 불만을 터뜨린 이들이 많았습니다. 시민들은 "'KC 인증' 하나만 고집한 채 여러 나라들에서 만든 제품을 직구할 수 없게 막았다"고 비판했습니다. 어떤 시민은 "이미 세계는 하나의 거대한 시장이 됐는데 KC인증만 믿을 수 있고 해외 인증은 그렇지 않다는 식의 고리타분한 생각이 시대에 맞지 않아 보인다"고 말했습니다. 한 시민은 "해외 플랫폼에서 1만 원 하는 부품을 국내에서 네 배 이상 주고 사야 할 판"이라며 "한 푼이라도 아끼려는 국민들 사정은 모르고 규제만 하려 든다"고 비판했습니다.

일단 사세요! 유해성 검사는 나중에 하기로!

정부가 말을 바꾸면서 앞으로도 원하는 물품이 있다면 직구할 수 있게 됐습니다. 다만 관세청·환경부 검사에서 유해 물질이 검출된 제품은 구매할 수 없습니다. 위험 가능성 있는 제품을 사지 못하게 '미리' 막는 방식에서 '우선 허용'하고, '이후' 유해성 검사를 해 차단하는 방식으로 바꾼 겁니다.

덕분에 만나는 시사 용어

● 소비자 권리

"소비자 선택 권리를 침해해선 안 됩니다!"

정부가 해외 직구를 금지하겠다고 했을 때 사람들 사이에선 이런 이야기가 나왔습니다. 여기서 '소비자 권리'란 소비자가 물건을 구매하거나 사용할 때 누릴 수 있는 권리를 말해요. 소비자 권리 중에서도 '소비자 선택 권리'는 소비자가 물건 또는 서비스를 살 때 제품 및 가격, 거래 조건 등을 자유롭게 선택할 수 있는 권리를 뜻합니다. 이때 소비자에겐 물건을 사기 전 가격, 품질, 환경, 서비스 등 정보를 꼼꼼히 살펴봐야 할 책임이 있죠.

수리수리 논술이

Q1. '해외 직구'란 무엇을 뜻하는 말인가요? 기사에서 찾아 간략히 정리해 보세요.

....

....

Q2. 정부가 해외 직구를 금지하기로 했던 이유는 무엇인가요? 그리고 해외 직구 금지를 철회하기로 한 이유는 무엇인가요? 각각을 기사에서 찾아 간략히 정리해 보세요.

- 해외 직구를 금지하기로 했던 이유:

....

- 해외 직구 금지를 철회한 이유:

....

Q3. '해외 직구'에 대한 여러분의 생각이 궁금합니다. 아래 두 친구처럼 자신의 생각을 써 보세요.

해외 직구가 말이죠···

	주장	주장에 대한 이유나 부연 설명
요한	○ 해외 직구 금지해야 해요!	○ 몸에 유해한 제품이 우리나라에 들어와선 안 되잖아요. 아무리 값이 싸다고 해도 국민들 건강을 위해서는 막아야죠.
현수	○ 소비자인 국민들이 알아서 선택하게 돼야 합니다.	○ 품질이 떨어지고, 몸에 해로운 성분이 들어간 제품이 있을 수도 있겠지만 그렇지 않은 제품들도 훨씬 많을 거예요. 어떤 제품을 살 것인지 결정권은 소비자에게 있어야 하는 거 아닌가요.

환경

예측 불가 장마

거짓말! 언제 비가 왔다고?

이슈

변덕이 이리도 심할 수가! '도깨비 장마 시대'

해가 쨍쨍하다가 언제 그랬냐는 듯 갑자기 엄청난 폭우가 퍼붓습니다. 폭우가 무섭게 퍼붓다가 갑자기 뜨거운 햇살이 내리쬡니다. 최근 이런 경험을 한 번쯤 해 봤다는 사람들이 많습니다.

2024년 여름 장마가 이렇게 종잡을 수 없는 형태로 이어지면서 '도깨비 장마'라는 말도 등장했습니다. 장마가 기존의 틀을 벗어나다 보니 예측이 점점 어려워질 수밖에 없습니다.

기상청은 2021년 예산 628억 원을 들여 슈퍼컴퓨터 5호기를 도입했습니다. 당시 기상청은 5호기의 전반적인 기상 모델 수행 능력이 기존 4호기보다 9.6배가량 향상됐다고 설명했는데요. 전보다 정확한 기상 예측 자료를 낼 것이란 기대가 높았지만 그렇진 않았습니다.

전문가들은 지구온난화에 따른 기상이변 현상이 잦아지고 있어, 기상청이 '날씨 예측'을 하는 게 점점 더 어려워질 거라고 내다봅니다. 실제 기상청은 극단적인 기상 현상으로 여름철 날씨를 예측하기 더 어려워졌다는 입장입니다. 기상청은 "올해 정체전선(장마전선)이 좁고 긴 띠 모양으로 형성된 데다가 중간중간 작은 비구름이 짧은 시간 내에 생겼다 사라지고 있어 예측이 어렵다"며 "지금 예보 기술로 작은 비구름은 예측할 수 없다"고 말했습니다.

＊ 국제/과학·환경부 송시야 기자 **worldwide@책폴**.com

이상기후 현상은 지구온난화 탓

전문가들에 따르면 기후 예측이 어려워진 이유는 지구온난화 탓이 큽니다. 지구온난화란, 지구 대기권의 기온이 증가하는 현상을 말하죠. 도깨비 장마 현상도 지구온난화와 관련이 있습니다. 땅과 바다가 뜨거워지며 공기 중에 수증기가 많이 생기고, 이 수증기가 비구름의 재료가 돼 비가 더 세게, 집중적으로 오는 것이죠. 전문가들은 "지구온난화가 진행되면서 강수량이 적었던 지역에 갑작스럽게 폭우가 내리거나, 유례없는 폭염이 발생하는 등 이상기후 현상이 증가하고 있다"고 말합니다.

산사태, 폭염, 물가 인상 등 영향 커요!

장마철 폭우를 보며 "비가 무섭게 내리네" 정도로 쉽게 생각하는 사람들도 있을 텐데요. 이렇게 가볍게 생각할 문제는 아니에요. 폭우가 심하면 산사태가 날 수도 있고, 이로 인해 인명 피해가 발생할 가능성도 커집니다. 수증기가 많은 환경에서 비가 오면 더 푹푹 찌는 더위가 이어지면서 폭염 현상도 심해질 겁니다.

이렇게 되면 채소 물가도 크게 오릅니다. 이미 2024년 6월부터 섭씨 30도를 넘는 더운 날이 이어지면서 채소·과일이 제대로 자라지 못했고, 이로 인해 가격이 크게 오르는 현상이 두드러졌습니다.

기후 위기 시대, 날씨 예측 더 힘들어져

장마 기간 기상청 예보가 여러 차례 어긋나자 '윈디닷컴', '아큐웨더' 등 해외 날씨 예보 서비스를 찾는 이용자도 늘었습니다. 전문가들은 지금 같은 지구온난화 시대에는 우리나라 기상청은 물론 해외에 기반을 둔 날씨 예보 기업들도 사실상 날씨를 정확하게 예측하는 것이 쉽지 않다고 입을 모읍니다.

덕분에 만나는 시사 용어

● **국지성 호우**

기상 관련 뉴스를 보면 '국지성 호우가 예상됩니다…' 등의 멘트가 많이 나옵니다. 국지성 호우는 보통 반경 10~20킬로미터 이내의 좁은 지역에 1시간당 30밀리미터 이상의 비가 내리는 경우를 말해요. 일종의 '소나기'라고 볼 수 있죠. 바로 옆에 있는 구인데 한 구에서는 세찬 비가 오고, 인접한 다른 구에서는 비가 한 방울도 안 오는 상황이 여기에 해당하죠. 여러분은 최근 국지성 호우를 경험한 적이 있나요? 언제, 어디서, 어떻게 경험 했는지 떠올려 보세요.

수리수리 논술이

Q1. '도깨비 장마'는 어떤 현상을 뜻하는 말인가요? 기사에서 찾아 간략히 정리 해 보세요.

....

....

Q2. 비가 많이 내렸을 때 어떤 문제들이 나타날 수 있을까요? 기사에서 찾아 간략히 정리해 보세요. 다른 온라인 기사를 참고해도 좋습니다.

....

....

Q3. '종잡기 어려운 여름 장마'에 대한 여러분의 생각이 궁금합니다. 아래 두 친구처럼 자신의 생각을 써 보세요.

여름 날씨, 진짜 이상해요!

	주장	주장에 대한 이유나 부연 설명
지윤	○지금이라도 환경을 보호해야죠!	○더 심한 폭우, 폭염이 오지 않도록 환경 보호부터 해야 해요! 여름 날씨 예측이 어려워진 것은 지구 온난화 때문이잖아요. 플라스틱 쓰레기부터 더 줄여야 할 거 같아요.
보희	○폭우·폭염 대비 더 철저히 해야죠!	○비가 갑자기 많이 내릴 것에 대해 대비를 철저히 해야 합니다. 비 피해도 그렇고, 폭염으로 인한 피해도 커질 수 있잖아요. 전문가들이 머리를 맞대고 사전에 어떤 대비가 필요한지 고민했으면 좋겠어요.

사회

고령 운전자
교통사고

노인들은 운전을 멈춰 주세요?!

이슈

20명 사상자 낸 교통사고, 운전자는 70대

2023년 3월 8일 전북 순창에서 70대 운전자가 몰던 1톤 트럭이 인파를 덮쳐 3명이 숨지고 17명이 다치는 사고가 발생했습니다. 브레이크를 밟는다는 것이 액셀(가속페달)을 밟아 생긴 사고였죠. 이 사건만이 아닙니다. 최근 들어 고령자가 운전한 차량의 사고가 늘고 있습니다. 얼마 전에도 77세 운전자가 승합차로 지역아동센터 건물을 들이박은 사고가 일어났습니다.

2022년 만 65세 이상 노인 운전자가 낸 교통사고는 사상 최고치를 기록한 것으로 나타났습니다. 도로교통공단 교통사고분석시스템(TAAS)에 따르면, 2022년 65세 이상 노인 운전자가 낸 사고는 3만 4652건으로 관련 통계를 집계한 2005년 이후 최고 기록입니다. 전체 교통사고는 매년 감소하는데 고령 운전자 교통사고는 매년 약 9퍼센트 증가하는 추세입니다.

고령 운전자가 낸 사고들은 모두 단순한 부주의 사고라는 공통점이 있습니다. 고령자들은 사고 후 "어떻게 된 일인지 사고 상황이 기억나지 않는다"라고 말하는 경우가 많았습니다.

이런 상황에서 몇몇 지자체에서는 노인 운전자가 면허증을 반납할 경우 10만 원 상당의 지역 화폐를 제공하는 등의 유인책을 펼치고 있습니다. 문제는 참여율이 너무 저조하다는 점입니다. 현재 유일한 대책으로 꼽히는 '자진 면허 반납'에 참여한 운전자는 2퍼센트에 머무는 상황입니다. 전문가들은 "고령 운전자의 교통사고를 줄이기 위해서는 제도적 보완이 시급하다"고 강조합니다.

＊ 사회/교육부 눈밝음 기자 **brighteyes**@책폴.com

페달 조작 실수만으로도 큰 사고가

나이가 들어 감각과 지각 능력이 떨어지거나 운동신경이 약해지는 것은 자연스러운 현상입니다. 노인이 운전대를 잡을 경우 조작 및 판단 착오 등으로 인해 더욱더 위험한 상황이 발생하기 쉽죠. 게다가 요즘 나오는 차종들은 순간 가속 기능이 매우 발달해 있습니다. 그런 탓에 작은 조작 실수 하나로도 대형 사고가 발생할 가능성이 더욱 커집니다.

음주 운전과 같아 vs. 지역 노인들 어쩌나

고령 운전자의 교통사고가 늘면서 '고령자의 운전면허증을 반납하게 해야 하는 거 아닌가?' 하는 논의도 뜨겁습니다. 이에 찬성하는 사람들은 "술에 취해 운전하면 그만큼 상황 판단이 늦어지기 때문에 '음주 운전'을 단속하는 것인데 고령자의 운전은 음주 운전과 크게 다를 바 없다"고 말합니다.

반면 어떤 이들은 "대중교통이 잘 갖춰지지 않은 지역의 노인들은 불편함이 커질 수 있다"고 지적합니다. 고령자의 운전을 제한하려면 노인이 많은 지역에 대중교통을 촘촘하게 보강하는 일부터 먼저 해야 한다는 얘기도 나옵니다.

2024년 8월 기준 택시 운전자 평균 연령은 63.04세로 집계됐습니다. 10년 전(2014년)보다 6.15세 증가했죠. 이렇듯 택시 기사 중 고령자가 많다는 점도 고려해야 합니다. 나이가 들었다고 무조건 면허를 반납하게 하면 많은 택시 기사들이 직업을 잃게 될 겁니다.

면허증 자진 반납 유도하는 국가들

일본은 20년 전부터 고령 운전자 면허 자진 반납을 유도하고 있습니다. 또한 고령자들이 브레이크와 가속페달을 착각하지 않도록 정부가 긴급 제동 브레이크와 페달 조작 오류 억제 장치가 있는 '서포트카' 장착 비용도 지원합니다. 뉴질랜드에선 80세가 되면 면허 효력이 자동으로 없어집니다. 그 이후 나이대가 면허 취득을 원하면 2년마다 까다로운 취득 시험을 봐야 합니다.

덕분에 만나는 시사 용어

● 초고령화 사회

고령 운전자 관련 기사를 보면 '초고령화 사회'라는 말이 자주 등장합니다. 어떤 뜻일까요? 초고령화 사회란, 전체 인구 중 65세 이상 고령인구 비율이 20퍼센트 이상인 사회를 뜻해요. 유엔 기준에 따르면, 전체 인구 중 65세 이상 고령인구 비율이 7퍼센트 이상인 사회는 고령화 사회(aging society), 14퍼센트 이상인 사회를 고령 사회(aged society), 고령 인구 비중이 20퍼센트 이상이면 초고령 사회(super-aged society) 또는 후기 고령 사회(post-aged society)로 분류됩니다. 그렇다면 우리나라는? 우리나라는 2022년 기준 65세 이상 인구 비중이 약 18퍼센트로 '고령 사회'였다가 2025년 20.6퍼센트로 초고령 사회로 진입했습니다.

수리수리 논술이

Q1. 최근 고령 운전자가 낸 교통사고가 얼마나 늘었는지 간략히 써 보세요.

....

....

Q2. 다른 나라에선 고령 운전자 교통사고를 막기 위해 어떤 제도를 마련하고 있나요? 기사를 읽고, 간략히 정리해 보세요.

....

....

Q3. 고령 운전자 면허 반납에 대해선 찬반 입장이 나뉩니다. 여러분은 이 문제에 대해 어떻게 생각하나요? 아래 두 친구처럼 자신의 생각을 써 보세요.

고령 운전자 면허, 반납하게 할까요?

	주장	주장에 대한 이유나 부연 설명
지희	○65세 이상이면 무조건 반납해야죠!	○다른 사람의 생명을 앗아 갈 수도 있으니까요. 만약 이동할 수단이 없다면 대중교통을 잘 만드는 대안을 고려해야 해요!
지환	○고령자마다 상황이 다 다를 텐데 무조건 반납하게 하는 건 안 된다고 봐요!	○좀 애매해요. 왜냐하면 고령자마다 신체 능력이 다 다르니까요. 나이에 따라 모두 다 반납하게 하지 말고, 신체 테스트 같은 걸 도입하면 어떨까요?

과학·사회
....
딥페이크

맙소사!
그 영상이 가짜였다고?

이슈

AI가 만들어 낸 가짜 콘텐츠, 전 세계가 시끌

트와이스 등 K팝 가수들을 대상으로 한 음란성 불법 합성물이 유통되면서 연예계가 시끄럽습니다. 기획사들은 법적 대응에 나섰습니다. 트와이스 소속사 JYP엔터테인 먼트는 2024년 8월 30일 팬 커뮤니티를 통해 "최근 당사 아티스트를 대상으로 한 딥 페이크 영상물이 확산하고 있는 상황에 대해 매우 심각하게 받아들이고 있다"며 "이 는 명백한 불법 행위"라고 밝혔습니다.

요즘 이런 가짜 콘텐츠들이 온라인에 유포되어 문제가 되고 있습니다. 2024년 1월에는 세계적 인 팝스타 테일러 스위프트 얼굴이 합성된 음란 물 이미지가 유포되는 일도 일어났습니다.

AI 기술이 발달하면서 일상이 편리해졌지만, 한 편으로는 이렇게 가짜로 불리는 '딥페이크' 콘텐 츠가 기승을 부립니다. 이에 세계 각국에선 AI 기

술 규제 방안을 마련하고 있습니다. 미국 정부는 AI 기술 개발과 관련한 행정명령을 통해 '워터마크'로 불리는 '식별 표식'을 넣도록 했습니다. 유럽연합(EU)은 AI로 만든 콘텐츠에 워터마크를 붙이도록 의무화하는 〈AI 규제법〉을 통과시켰습니다.

우리나라에서는 2024년 4월 국회의원 선거를 앞두고, 선거운동에서 딥페이크 기술 을 활용한 선거운동을 막는 규제가 나온 바 있습니다. 전문가들은 "AI 활용에 따른 부 작용에 선제적으로 대응하려면 정치 분야뿐 아니라 전 사회에 걸쳐 강력한 규제 법안 이 필요하다"고 강조합니다.

＊국제/과학·환경부 송시야 기자 **worldwide@책폴.com**
사회/교육부 눈밝음 기자 **brighteyes@책폴.com**

배경
인공지능이 만든 '딥페이크'란?

딥페이크는 AI 기술을 활용해 인물의 얼굴이나 특정 부위를 합성해 만든 영상 편집물을 뜻하는 말입니다. '인공지능 심층 학습'을 뜻하는 '딥러닝(deep learning)'과 '가짜'를 의미하는 '페이크(fake)'의 합성어죠. 딥페이크는 다양한 분야에서 활용되고 있습니다. 2024년 광복절에는 딥페이크를 활용해 안중근 의사, 유관순 열사 등 독립운동가가 기뻐하는 모습이 담긴 영상이 만들어졌습니다. 이는 딥페이크가 긍정적으로 잘 활용된 사례죠. 반면, 이 기술이 잘못 이용되면 가짜 뉴스 등이 판을 치고, 누군가에게 피해를 줄 수도 있습니다.

관점
규제를 강화해요! vs. 기존 법도 있는데요?

누구나 쉽게 딥페이크 프로그램을 접할 수 있는 시대에 〈AI 규제법〉 등이 강화돼야 한다는 의견이 힘을 얻고 있습니다. 강한 처벌이 없다면, 유명인은 물론이고 평범한 이들도 가짜 영상, 사진 등의 표적이 될 수 있을 테니까요. 실제로 SNS 등에 올라온 일반인의 사진에 음란물을 합성하여 익명 메신저인 텔레그램으로 유포한 사례도 있었습니다. 이 같은 가짜 콘텐츠가 정치·사회적으로 악용될 경우 사회 혼란을 불러올 수도 있습니다.

규제가 강화되면 AI 기술 관련 연구 개발이 위축될 수 있음을 우려하는 이들도 있습니다. 또한, 손해배상, 명예훼손 등 처벌 법규가 이미 있는 상황에서 법을 또 만드는 게 능사는 아니라는 의견도 나오고 있어요.

'플랫폼 기업'의 책임도 중요해요!

가짜 콘텐츠가 늘어나는 때 플랫폼 기업들이 어떤 대응을 하는지도 중요해집니다. 플랫폼 기업이란, 검색 엔진, SNS 채널 등을 운영하는 기업들을 뜻해요. 한 예로, 테일러 스위프트 얼굴이 합성된 딥페이크 이미지가 온라인에 퍼졌을 때 X(옛 트위터) 등은 사용자들이 '테일러 스위프트' 또는 '테일러 스위프트 AI'라고 검색하지 못하도록 잠시 검색 제한을 걸었습니다.

덕분에 만나는 시사 용어

● **가짜 뉴스**
"그거 가짜 뉴스잖아!" 누가 봐도 놀라운 뉴스여서 친구한테 얘기를 했더니 이런 대답이 돌아온 적 있나요? '가짜 뉴스'는 언론 보도의 형식을 띠고 마치 사실인 것처럼 유포되는 거짓 뉴스를 뜻합니다. 가짜 뉴스를 만드는 이들 대다수가 정치·경제적 이익을 위해 의도적으로 정보를 생산해 냅니다. 가짜 뉴스는 온라인 시대에만 있는 건 아니랍니다. 우리나라 역사 속 백제 무왕이 지은 〈서동요〉는 그가 선화공주와 결혼하기 위해 거짓 정보를 노래로 만든, 일종의 가짜 뉴스로 알려져 있어요.

수리수리 논술이

Q1. '딥페이크'란 무엇을 뜻하는 말인가요? 기사에서 찾아 간략히 정리해 보세요.

Q2. 각각 '딥페이크 콘텐츠가 나쁘게 활용된 사례', '딥페이크 콘텐츠가 긍정적으로 활용된 사례'로는 뭐가 있을까요? 기사에서 찾아 간략히 정리해 보세요. 다른 온라인 기사를 참고해도 좋습니다.

....

....

Q3. 딥페이크 콘텐츠에 대한 여러분의 생각이 궁금합니다. 아래 두 친구처럼 자신의 생각을 써 보세요.

딥페이크 영상이 문제가 되고 있다면서요?

	주장	주장에 대한 이유나 부연 설명
해솔	○세게 처벌해야 합니다.	○저도 본 적 있어요! 외국 대통령이 말하는 영상이 있었어요. 감쪽같았죠. 이런 영상들이 자꾸 나오다 보면 사회적으로나 정치적으로 문제가 크게 발생할 겁니다. 처벌을 강화해야 해요.
정규	○진짜와 가짜를 판별하는 교육이 필요해요!	○AI 기술이 발달하면서 가짜가 판을 치기 때문에 진짜, 가짜를 판별하는 교육이 필요하다고 생각해요. 학교 수업에도 이런 교육을 의무적으로 넣으면 어떨까요?

여자라는 이유로 얼굴을 가려야 한다니…

이슈

미혼·남성 보호자 없는 여성은 여행 못 해!

결혼을 하지 않았거나 남성 보호자가 없는 여성은 제대로 된 일상생활을 못 하는 나라가 지구상에 있습니다. 2024년 1월 26일(현지 시간) AP 통신에 따르면 유엔은 1월 22일 발표한 2023년 4분기 보고서에서 "아프가니스탄 탈레반 정부가 미혼이거나 '마흐람'(남편·가족 등

남성 보호자)을 동반하지 않은 아프간 여성의 직장 생활, 여행, 의료 서비스 접근을 제한하고 있다"고 밝혔습니다.

실제로 2023년 10월 여성 의료 종사자 3명은 마흐람 없이 일하러 갔다가 구금된 것으로 파악됐습니다. 이들은 이런 일이 반복되지 않게 하겠다는 가족 측 보증서를 제출하고 풀려났습니다. 아프가니스탄 남부 칸다하르주에서는 마흐람 없는 여성의 버스 탑승을 금지했습니다.

1996~2001년까지 아프간에서 집권한 탈레반은 당시 이슬람 〈샤리아법〉을 엄격하게 적용해 사회를 통제했습니다. 특히, 여성에 대한 탄압이 심했습니다. 여성은 외출 시 얼굴까지 검은 천으로 가리는 '부르카'를 착용해야 했고, 교육받는 것 또한 제한됐습니다.

안토니우 구테흐스 유엔 사무총장은 아프간 정부의 행보에 대해 "공포 그 자체다. 이런 일을 겪는 건 상상도 할 수 없는 일이다"라고 비판했습니다. 이와 관련해 자비훌라 무자히드 탈레반 대변인은 "유엔이 이슬람 율법인 샤리아를 무시한다"고 밝혔습니다.

＊ 국제부 송시야 기자 worldwide@책폴.com

'이슬람 근본주의' 교리에 따라…

탈레반 정부가 여성의 자유를 억압하는 배경에는 '이슬람 근본주의'가 있습니다. 이슬람 근본주의는 이슬람 경전인 코란과 하디스(이슬람 교주 무함마드의 언행록)에 적혀 있는 대로 살아야 한다는 일종의 신념입니다. "여자 신도들은 아름다움이 눈에 띄지 않도록 해라.", "얼굴을 가리는 베일을 가슴팍까지 덮도록 해라." 탈레반은 이런 구절들을 자의적으로 해석하여 교육, 취업, 일상생활 등 다양한 분야에서 여성과 세상을 차단해 왔습니다.

국제사회 "인권 보호, 약속 지켜라!"

2021년 미군이 아프가니스탄에서 철수하면서 20년 만에 재집권한 탈레반은 "여성의 권리를 보장하겠다. 이슬람 율법의 틀 안에서…"라고 밝혔지만, 달라진 건 없었습니다. 실제로 아프간 여성이 부르카를 쓰지 않았다는 이유로 사살됐고, 여학생들의 중등 및 고등교육도 금지됐습니다. 국제사회는 "탈레반이 여성을 비롯한 아프간인들의 인권을 보호하겠다는 약속을 지키게 해야 한다"고 강조합니다.

한편, 2024년 1월 24일, 유엔 등 국제단체들은 '세계 교육의 날'을 맞아 아프가니스탄 탈레반 정부에 "여성에 대한 교육 제한 조치를 조속히 해제하라"며 "여성 교육을 계속 박탈하는 행위는 아프간인 전체에 영향을 미치는 것은 물론 아프가니스탄을 세계적으로 고립시킬 것"이라고 경고했습니다.

아프간 성 격차 지수, 세계 최하위

아프간의 여성 인권 수준은 세계 최하위입니다. 세계경제포럼에 따르면 아프간의 성 격차 지수(성 평등이 이뤄진 정도를 측정한 지수)는 2021년 156개국 중 156위입니다.

많은 이들이 "탈레반 정권의 여성에 대한 태도는 그 나라만의 문화라고 부르기엔 용납하기 어려운 점이 많다"며 "여성들의 인권을 보호하기 위해 전 세계의 연대와 지지가 필요하다"고 말합니다.

덕분에 만나는 시사 용어

● 인권

"여성에 대한 억압과 지배, 차별을 멈춰라!"

2024년 3월 8일 '세계 여성의 날'에는 많은 이들이 아프가니스탄을 향해 이렇게 외쳤습니다. 우리는 뉴스를 통해 종종 '인권(人權·human rights)'이라는 단어를 접합니다. '인권'이란 과연 뭘까요? 인권은 사람이 개인 또는 나라의 구성원으로서 마땅히 누리고 행사하는 기본적인 자유와 권리를 뜻합니다. 아프간 여성들의 경우, 자신의 의지에 따라 일하고, 공부하고, 자유롭게 이동할 아주 기본적인 인권을 빼앗겼다고 할 수 있겠죠.

수리수리 논술이

Q1. 아프간 여성들은 탈레반에게 어떤 억압을 받고 살고 있나요? 기사를 잘 읽고 몇 가지만 써 보세요.

....

....

Q2. 탈레반이 여성의 자유를 억압하는 배경에는 무엇이 있나요? 기사에서 찾아 간략히 정리해 보세요. 다른 온라인 기사를 참고해도 좋습니다.

....

....

Q3. 아프간 여성들이 처한 현실은 그저 '남의 일'이기만 할까요? 아래 두 친구처럼 자신의 생각을 써 보세요.

아프간 여성들이 고통받고 있어요

	주장	주장에 대한 이유나 부연 설명
지완	○국제사회가 함께 도와야 해요!	○탈레반의 행동에 대해서 국제사회가 적극적으로 나서서 비판의 목소리를 내야 해요. 전 세계가 각각의 나라로 구분되어 있지만 하나의 큰 공동체 아닌가요. 우리가 가난 등 어려운 상황에 처한 다른 나라를 돕는 것처럼 아프간 여성들을 돕는 건 당연한 일이에요.
태리	○누구도 성별을 이유로 차별받아서는 안 돼요!	○지구상에 여성이라는 이유로 말도 안 되는 차별을 받는 이들이 있다는 사실에 깜짝 놀랐어요. 여성을 차별해도 된다는 이유가 뭐죠? 아무리 문화라고 해도 부르카를 쓰지 않았다는 이유로 사람을 죽일 권리는 누구에게도 없어요.

사회·문화

MZ세대론

엠지?
누구지?

이슈

'버릇없이 행동하네?'··· MZ 향한 불편한 시선

"쟤 MZ 아냐?"

"싸가지 없이 할 말 다 하는 거 보면 모르냐?"

최근 우리 사회를 말해 주는 키워드 중 'MZ 세대'를 빼먹으면 서운합니다. 사회 곳곳에 서, 미디어에서 MZ세대에 대한 다양한 이야 기들이 나오고 있죠. MZ세대는 '밀레니얼 세대'와 'Z세 대'를 통틀어 지칭하는 신조어입니다. 학자들은 "이 세 대는 디지털 환경에 익숙하고, 최신 트렌드에 민감하 며, 남과 다른 이색적인 경험을 추구한다는 특징이 있다"고 말합니다.

미디어에서는 'MZ의 패션 트렌드', 'MZ의 돈 관리' 등 MZ세대의 특성을 알아보는 콘 텐츠를 손쉽게 찾아볼 수 있습니다. '이해할 수 없는 MZ', 'MZ식 갑질' 등 이 세대에 대한 비판적인 시선을 담은 것도 많죠. 20대 MZ세대 직장인들의 모습을 비웃고 꼬 집는 듯한 콘텐츠도 보입니다. 블루투스 이어폰을 낀 채 노래를 들으며 일하고, 상사 를 눈치 보게 만들거나, 일반적으로 막내들이 한다고 여겨지는 행동(수저 놓기, 물 따르 기)을 거부하는 모습 등으로 MZ세대를 묘사하는 것이죠.

MZ세대를 비아냥대는 콘텐츠를 불편해하는 이들도 있습니다. 30대 초반 직장인 한 소영 씨는 "요즘 나오는 MZ 관련 영상을 보다 보면 'MZ는 죄다 싸가지가 없다'는 식 의 고정관념을 만들어 내는 것 같아 불편하다"고 말합니다.

＊ 사회/교육부 눈밝음 기자 brighteyes@책폴.com
문화/스포츠/연예부 안테나 기자 antenna@책폴.com

1980~2004년생, 연령 범위 넓네!

우리나라 사람들은 출생 연도에 따라 세대를 구분하고, 각 세대의 공통된 특징을 분석하는 성향이 강합니다. 그런 맥락에서 베이비부머세대, X세대, M세대, Z세대 등 다양한 세대 구분이 나오기도 했죠.

　MZ세대라는 말은 '대학내일20대연구소'가 낸 보고서에서 가장 먼저 사용된 것으로 알려져 있습니다. 이 보고서에 따르면, MZ세대는 1980~2004년생을 지칭합니다. 무려 스무 살 이상 차이가 나는 이들을 한 세대로 묶은 것인데요. 그 연령 범위가 너무 넓은 거 아니냐는 지적도 있습니다.

기성세대 vs. 신세대, 대립 분위기 불편해요!

물론 출생 시기에 따라 세대별로 공통된 경향이 없진 않을 겁니다. 특정 시기에 출생한 세대만이 경험할 수 있는 문화나 가치관 등이 분명히 있을 수 있죠. 이렇게 출생 시기를 기준으로 세대를 구분하는 것은 각 세대의 특성을 이해하기 쉽게 하고 동세대 간 유대감을 높이기도 하죠.

　반면, 세대 관련 용어들이 서로 다른 세대 간 갈등을 부추길 수 있다는 의견도 나옵니다. 직장인 홍이준 씨는 "특히, 기성세대와 신세대들 사이에 서로 대립하는 듯한 분위기가 형성되는 것 같아 안타깝다"고 말합니다. 20대 직장인 이율희 씨는 "무슨 행동만 해도 'MZ여서 그렇다'며 MZ세대 모두 되바라졌고, 기성세대를 싫어한다는 식으로 바라보니 억울한 면도 있다"고 털어놨습니다.

과학적으로 증명된 것도 아닌데…

세대별로 공통된 감수성이나 문화가 분명 존재하지만, 이런 식의 세대론에 갇혀 개인의 개성과 취향, 다양성이 무시되어선 안 된다는 시각도 있습니다. 미국 메릴랜드대 사회학과 필립 코헨 교수 등의 이야기도 같은 맥락으로 볼 수 있어요. 이들은 'Z세대'의 등장을 알린 미국 퓨리서치센터에 대해 "세대 구분은 모호할 뿐 아니라 과학적 근거가 부족하다"고 비판했습니다.

덕분에 만나는 시사 용어

● **기성세대**

MZ세대 이야기가 나올 때마다 '기성세대와의 갈등'을 다룬 기사도 많이 나옵니다. 여기서 '세대'란 같은 시대에 살며 공통 의식을 갖는 비슷한 연령층을 뜻하고요. '기성세대'란, 현재 사회를 이끌어 가는 나이가 든 주류 세대를 말합니다. 주로 한 사회의 40~60대 후반 나이대 사람들을 두고 기성세대라고 보는 것이 일반적이죠. 여러분 주변에 '기성세대'라 불릴 만한 이들로는 누가 있나요? 여러분은 이 세대와 편하게 소통하고 지내나요?

수리수리 논술이

Q1. 'MZ세대'는 어떤 이들을 뜻하는 말인가요? 기사에서 찾아 간략히 정리해 보세요.

....

....

Q2. 최근 미디어들은 MZ세대를 어떻게 그리고 있나요? 기사에서 찾아 간략히 정리해 보세요. 다른 온라인 기사를 참고해도 좋습니다.

....

....

Q3. 'MZ세대 현상'에 대한 여러분의 생각이 궁금합니다. 아래 두 친구처럼 자신의 생각을 써 보세요.

MZ세대 애들은 꼭 저렇게 행동하더라고…

	주장	주장에 대한 이유나 부연 설명
연아	○ 'MZ세대는 예의가 없다'고 묶어 말해선 안 됩니다.	○ 과학적으로 증명된 것도 아니잖아요. MZ세대 중에도 예의가 바른 사람들이 많이 있을 거예요. 유독 예의 없이 행동하는 일부의 문제를 마치 MZ세대 전체의 문제인 것처럼 몰아가선 안 돼요.
민찬	○ 특정한 나이대 사람들을 희화화하는 프로그램은 없어져야 해요.	○ 평소 예의 있게 행동해 온 젊은이들이 이 프로그램 때문에 피해를 볼 수도 있으니까요. 그리고 사람들 성격과 태도는 다 다르잖아요. 같은 세대라는 이유로 욕을 먹으면 억울할 거 같습니다.

정치·사회

머그샷 공개

그 살인범 얼굴, 공개됐대!

이슈

여친 살해한 살인범, 머그샷 공개 첫 사례

우리나라에서도 흉악범에 대한 머그샷 공개가 본격적으로 시작됐습니다. 이별을 통보하려 한다는 이유로 여자 친구를 잔인하게 살해하고 그의 어머니도 중상을 입힌 혐의로 재판에 넘겨진 김레아의 신상 정보가 2024년 4월 22일 공개됐습니다.

머그샷 공개는 수사기관이 중대 범죄 피의자의 얼굴을 강제로 촬영해 공개할 수 있도록 한 〈머그샷 공개법〉이 2023년 10월 국회 본회의에서 통과하면서부터 가능해진 일입니다. 〈머그샷 공개법〉은 〈특정 중대 범죄 피의자 등 신상 정보 공개에 관한 법률〉을 말하는데요. 법 제정 후 검찰이 피의자의 머그샷을 공개한 것은 이번이 첫 사례였습니다.

기존에는 특정 강력 범죄와 성폭력 범죄의 피의자에 한해 신상 정보 공개가 가능했습니다. 〈머그샷 공개법〉에 따라 대상 범죄가 내란·외환, 폭발물 사용, 중상해·특수 상해, 아동 대상 성범죄 등으로 확대됐습니다. 앞으로는 피의자의 동의와 관계없이 수사기관이 머그샷을 촬영, 공개하는 것도 가능해졌습니다.

법무부는 "이번에 중대 범죄자에 대한 신상 공개 제도가 정비되면 유사 범죄를 예방하고 국민의 알 권리를 보장할 수 있을 것"이라며 "앞으로도 범죄로부터 국민을 안전하게 보호하기 위한 제도 개선 방안을 지속해서 모색해 나가겠다"고 밝혔습니다.

＊ 사회/교육부 눈밝음 기자 brighteyes@책풀.com
정치/경제부 이진실 기자 honest@책풀.com

피의자 얼굴 식별 위해 찍는 얼굴 사진

머그샷은 수사기관이 피의자의 얼굴을 식별하기 위해 구금 상태에서 촬영하는 얼굴 사진을 뜻하는 말입니다. 18세기에 '머그(mug)'란 말이 '얼굴'의 은어로 쓰였던 데서 유래합니다. 19세기 당시 미국 형사였던 앨런 핑커톤이 현상 수배에서 아이디어를 얻어 처음 도입한 것으로 알려져 있습니다. 정식 명칭은 '경찰 사진(police photograph)'입니다.

국민의 알 권리 vs. 가족·지인 피해

머그샷 공개에 대해선 찬반 입장이 나뉩니다. 시민들의 알 권리를 보장하고, 범죄에 대한 경각심을 높일 수 있다는 점에서 효과를 기대하는 목소리가 있습니다. "범죄자가 벌을 다 받고 감옥에서 나왔을 때 사람들이 알아보고 그를 피할 수도 있고, 또 범죄자가 이상한 행동을 할 때 신고하려면 머그샷이 공개되는 것이 맞다"는 것이죠.

머그샷이 공개되면 아무 잘못 없는 범죄자의 가족을 비롯해 지인들이 피해를 입을 수도 있지 않느냐는 의견도 있습니다. 또한, 어떤 이들은 이미 형을 마친 범죄자가 사회에 복귀했을 때 '낙인 효과(과거의 좋지 못한 행동이 현재의 평가에 미치는 부정적 영향)'로 인해 사회에 적응하지 못하고 다시 범행을 저지를 수도 있다고 우려합니다.

미국, 체포 시점부터 일반에 공개

머그샷 공개 여부에 대해선 국가별 다른 기준이 있습니다. 미국, 캐나다, 영국, 일본 등에서는 수사기관이 피의자의 머그샷을 공개하기도 합니다. 특히 미국에서는 범죄의 종류, 피의자 국적, 유죄 판결 여부와 관계없이 경찰에 체포된 시점에 범죄 혐의자의 머그샷을 촬영하고 일반에게 공개하는 관행이 있습니다.

덕분에 만나는 시사 용어

● 알 권리

머그샷과 관련한 기사를 읽다 보면 '국민의 알 권리를 보장하기 위해'라는 표현이 자주 나옵니다. 여기서 '알 권리'란, 국민 개개인이 정치적·사회적 현실에 대한 정보를 자유롭게 알 수 있는 권리, 또는 이러한 정보에 대해 접근할 수 있는 권리를 뜻합니다.

여러분은 어떻게 생각하나요? 알 권리를 위해 머그샷 공개를 하는 게 맞을까요? 그렇지 않을까요?

수리수리 논술이

Q1. '머그샷'이란 무엇인가요? 기사를 읽고 간략히 정리해 보세요.

....

....

Q2. <머그샷 공개법>은 어떤 법인가요? 기사를 읽고 간략히 정리해 보세요.

....

....

Q3. 머그샷을 공개하는 것에 대한 여러분의 생각이 궁금합니다. 아래 두 친구처럼 자신의 생각을 써 보세요.

범죄자의 얼굴을 공개하는 것에 대하여

	주장	주장에 대한 이유나 부연 설명
영준	○얼굴을 공개하는 건 좋지 않다고 생각해요!	○의도한 만큼 효과가 없을 거 같거든요. 얼굴 공개한다고 범죄가 줄어들 거 같지도 않고요. 그리고 잘못이 없는 범죄자의 가족이나 지인들까지 손가락질을 받을 수도 있어요.
진영	○얼굴 공개에 적극 찬성합니다!	○범죄를 저지른 사람은 비슷한 범죄를 또 저지를 수 있다고 생각해요. 벌을 다 받은 후 사회에 나왔을 때 사람들이 그를 알아봐야 또 일어날지 모를 범죄를 예방할 수 있지 않을까요?

사회

대형 마트
의무 휴업일

주말에도, 새벽에도 마트 문 활짝 연다고?

이슈

대형 마트 공휴일 의무 휴업 폐지 추진

"마트 가서 장 봐야지. 다음 주 먹을 게 없네."

"오늘 마트 쉬는 날이잖아! 둘째 주 일요일."

어느 일요일 오후. 서울시에 사는 최석인 씨 부부가 나눈 대화입니다. 앞으로는 이처럼 공휴일에 대형 마트가 쉴까 봐 걱정할 일은 없을 것 같습니다. 서울시에서 <서울특

별시 유통업 상생 협력 및 소상공인 지원과 유통 분쟁에 관한 조례 일부 개정 조례안>(이하 조례안)이 통과되며 대형 마트 공휴일 의무 휴업 폐지가 발 빠르게 추진되고 있는 분위기거든요. 조례안이란, 지방자치단체가 법령의 범위 안에서 지방의회의 의결을 거쳐 그 지방의 사무에 관하여 제정하는 법을 뜻합니다.

현재까지 대형 마트는 월 2회 공휴일에 의무적으로 휴업을 해야 했지만, 조례안에서는 이 원칙이 삭제됐습니다. 조례안에 따르면, 휴일은 이해당사자 간의 협의를 거쳐 평일로 변경할 수 있습니다. 여기서 이해 당사자는 대형 마트 관계자와 시장 상인 등을 뜻합니다. 또 서울시와 협의를 통해 구청장이 오전 0시부터 10시로 정해져 있는 영업시간 제한도 풀 수 있다는 내용이 포함됐습니다. 이에 따라 대형 마트에서도 새벽 배송 서비스가 가능해질 것으로 보입니다.

2024년 5월 21일 기준 대형 마트 의무 휴업일을 평일로 바꾸겠다고 밝힌 기초자치단체는 서울시 말고도 80여 곳으로 알려졌습니다. 대형 마트가 입점한 지역을 기준으로 하면 절반 가까운 숫자죠.

＊ 사회/교육부 눈밝음 기자 **brighteyes@책폴.com**

'전통 시장 살리자' 의미로 나온 의무 휴업일

대형 마트의 공휴일 의무 휴업일은 지난 2012년부터 시행됐습니다. 당시 정부와 국회는 전통 시장을 살리자는 의미로 의무 휴업일과 영업시간 제한을 하기로 했죠. 시간이 지나면서 온라인으로 물건을 사는 사람들이 늘었고, 대형 마트가 쉰다고 해서 사람들이 전통 시장으로 향하진 않는다는 지적이 나왔어요. 특히, 코로나19를 거치며 온라인 소비가 늘어나면서 대형 마트를 이용하는 이들이 줄자 공휴일 의무 휴업 폐지 이야기가 속속 나오기 시작했어요.

공정한 경쟁 vs. 노동자 쉴 권리 사라져

대형 마트 측에서는 공휴일 의무 휴업 폐지에 대해 "변화하는 현실을 잘 반영한 제도"라고 반기고 있어요. 이들은 "평일에 일하는 맞벌이 부부 등은 주말을 이용해 장을 보지만, 의무 휴업이 있는 주말에는 대형 마트에 못 가고 강제로 온라인 새벽 배송을 기다려야 했다"며 "소비자들에게도 필요한 제도이고, 대형 마트에도 온라인 업체와 경쟁할 수 있는 기회다"라고 말합니다.

반면, 마트 노동자들은 "대형 마트를 운영하는 대기업에만 좋은 일"이라고 비판합니다. 이들은 "우리는 주말에 쉴 권리를 빼앗기고, 새벽까지 일하게 됐다"며 "마트 주변 소상공인도 함께 죽이는 길이다"라고 말합니다.

주말에 일하고 평일에 쉬니까 어때요?

주말에 일하는 대신 평일에 쉬면 좋기만 할까요? 한국노동안전보건연구소 조건희 활동가가 충북 청주 지역 대형 마트 노동자를 대상으로 대형 마트 의무 휴업 폐지 후 생긴 변화를 조사한 결과, 응답자의 60퍼센트는 "직장 생활과 가족 · 개인 생활이 충돌해 갈등이 있다"고 답했습니다. 휴무를 평일로 전환한 이후 "신체적 피로가 늘었다"는 응답(84.8퍼센트)도 나왔죠. 이 밖에 "주말엔 상품 입고가 두 배로 늘어 감당하기 힘든데 휴일 근로 수당도 없는 게 말이 되느냐"는 지적도 있습니다.

덕분에 만나는 시사 용어

● **휴식권**
대형 마트 공휴일 의무 휴업과 관련해 노동자들은 '휴식권을 보장하라!'라고 외칩니다. 휴식권은 하던 일을 멈추고 잠깐 쉴 권리를 뜻해요. 휴식권은 〈헌법〉에 규정되어 있지 않으나 인간의 기본권, 즉 사람이라면 누구나 누려야 하는 아주 기본적인 권리라고 보는 시각이 많습니다. 여러분 주변 노동자들은 휴식권을 제대로 보장받으며 일하고 있나요?

수리수리 논술이

Q1. '대형 마트 의무 휴업 제도'는 어떤 제도인가요? 기사를 읽고 간략히 정리해 보세요.

....

....

Q2. '대형 마트 의무 휴업 제도 폐지'는 어떤 배경에서 나오게 된 걸까요? 기사에서 찾아 간략히 정리해 보세요. 다른 온라인 기사를 참고해도 좋습니다.

....

....

Q3. 대형 마트 의무 휴업이 폐지되고, 대형 마트에서도 새벽 배송이 가능해지는데 대한 여러분의 생각이 궁금합니다. 아래 두 친구처럼 자신의 생각을 써보세요.

대형 마트, 매주 일요일에 문 연다고요?

	주장	주장에 대한 이유나 부연 설명
재원	○매주 일요일에 연다고 해서 대형 마트가 잘되진 않을 겁니다.	○우리 집을 비롯해 주변 친구네 집들 모두 온라인으로 물건을 사거든요. 온라인의 편리함을 알았기 때문에 굳이 대형 마트로 가진 않을 거 같아요. 대형 마트를 살리기 위해 의무 휴업 제도를 폐지하는 거라면 차라리 다른 방법을 찾는 게 낫지 않을까요?
서희	○대형 마트에서 새벽 배송까지 하는 건 반대합니다!	○노동자들에게 주말이나 새벽에 일한 만큼의 월급을 주지 않는 한 너무 과한 업무가 될 거 같습니다. 새벽에 일이 추가되면서 이 일을 관두는 노동자들도 나올까 봐 걱정이 되네요.

과학·사회

챗GPT

사람 아닌데… 사람인 듯 사람보다 더 뛰어난 너

이슈

《네이처》 올해 10인에 챗GPT… '비인간'으로는 최초

'2023년 과학계를 만든 인물(네이처10)'에 사상 처음으로 인간이 아닌 이가 이름을 올렸습니다. 인공지능(AI) 열풍을 몰고 온 '챗GPT'가 바로 그 주인공입니다.

세계적 과학 학술지 《네이처》는 2011년부터 매해 연말 '네이처10'을 발표하고 있습니다. 과학계에서 큰 성과를 냈거나 중요한 문제의식을 내놓은 이들이 선정돼 왔죠.

《네이처》 측은 "챗GPT는 과학계에 심오하고 광범위한 영향을 미치며 과학자들의 연구 방식을 바꿔 놓았다"고 말하며 챗GPT를 네이처10에 선정한 이유를 밝혔습니다. 또한, "과학자들은 오래전부터 대규모 언어모델(LLM·텍스트의 이해와 분석을 중심으로 하는 고급 AI 기술)의 잠재력을 알고 있었지만, 2022년 11월 챗GPT가 무료로 등장하면서부터 이 기술이 본격화됐다"고 설명했습니다. 한편, "챗GPT는 가짜 참고 문헌을 적고, 사실을 지어내고, 사기꾼과 표절하는 이들을 도울 수 있으며, 악용하면 과학의 우물을 돌이킬 수 없을 정도로 더럽힐 수도 있다"며 위험성을 경고하기도 했습니다.

챗GPT의 아버지인 오픈AI 수석 과학자 일리야 수츠케버도 네이처10에 선정됐습니다. 《네이처》는 수츠케버에 대해 "챗GPT의 개발자인 동시에 AI의 안전성을 고민하는 인물"이라며 "논란이 가득한 AI 시스템을 개발하고 그것이 사회를 바꾸는 데 중요한 역할을 했다"고 말했습니다.

＊ 국제/과학·환경부 송시야 기자 worldwide@책폴.com

대화 전문 인공지능 챗봇 돌풍

챗GPT는 오픈AI가 2022년 11월 30일 공개한 대화 전문 인공지능 챗봇입니다. 사용자가 대화창에 텍스트를 입력하면 그에 맞춰 대화를 함께 나누는 방식의 서비스로 공개 단 5일 만에 하루 이용자 100만 명을 돌파하면서 돌풍을 일으켰죠. 질문에 대한 답변은 물론 논문 작성, 번역, 코딩 등 여러 분야 업무를 처리할 수 있다는 점에서 기존 AI와 차별점이 있다고 평가받고 있어요.

유용하지만… 오류, 편향성, 표절 문제 등 남아

챗GPT가 제공하는 정보가 모두 신뢰할 만한 것인지에 대해 고개를 갸웃거리는 이들도 있습니다. 사용자와의 채팅으로 학습력을 향상하는 방식이기 때문에 언제든 오류가 날 가능성을 무시할 수 없기 때문이죠. 때론 학습한 데이터에 따라 한쪽으로 기울어진 판단을 하는 경우도 있을 겁니다. 또한, 챗GPT가 사용자와의 대화 내용을 수집하고 저장하는 과정에서 개인정보가 새나가지 않도록 각별히 신경 써야 할 필요도 있습니다.

챗GPT는 인터넷에 올라온 방대한 양의 정보를 학습해 사람이 쓴 것과 같은 글을 써낼 수도 있습니다. 그런 점에서 표절에 대한 우려도 나오고 있죠. 만약 학생들이 챗GPT에 의존해 과제를 할 경우 스스로 사고하고 문제를 해결하는 능력이 떨어질 수도 있을 겁니다.

챗GPT가 기후 위기를 부른다니 뭔 소리?

챗GPT와 같은 '생성형 인공지능(기계가 콘텐츠, 예술, 음악 등을 만들고 생성할 수 있도록 하는 인공지능의 하위 집합)'이 기후 위기를 부른다는 지적도 나왔습니다. 생성형 인공지능이 개발·운영 과정에서 막대한 전력을 쓰기 때문이죠. 한 연구에 따르면, 1개의 AI 모델 훈련에 필요한 전기는 일반 가정 100가구의 연간 전기 사용량을 초과합니다. 국제에너지기구(IEA)는 AI 개발과 유지에 필수인 데이터센터 전력 사용량이 2026년 최대 1050테라와트시(TWh)에 달할 것으로 예상하기도 했습니다.

덕분에 만나는 시사 용어

● 4차 산업혁명

챗GPT 얘기가 나올 때마다 함께 따라 나오는 말이 있습니다. 바로 '4차 산업혁명 시대'라는 말인데요. 4차 산업혁명이란, 인공지능기술 및 사물 인터넷, 빅데이터 등 정보통신 기술(ICT)과의 융합을 통해 생산성이 급격히 향상되고 제품과 서비스가 지능화되면서, 경제·사회 전반에 혁신적인 변화가 나타나는 것을 뜻하는 말입니다. 챗GPT와 같은 서비스가 등장하면서 우리 사회에 큰 변화들이 나타나는 것을 뜻하는 말이라고 생각하면 됩니다. 이런 서비스가 등장하면 좋은 점도 있지만 해결해야 할 과제도 늘어납니다. 그 과제를 풀어야 할 책임은 누구에게 있을까요?

수리수리 논술이

Q1. '챗GPT'는 무엇을 뜻하는 말인가요? 기사에서 찾아 간략히 정리해 보세요.

....

....

Q2. '챗GPT의 장·단점'은 뭘까요? 기사를 읽고 간략히 정리해 보세요. 다른 온라인 기사를 참고해도 좋습니다.

....

....

Q3. 챗GPT에 대한 여러분의 생각이 궁금합니다. 아래 두 친구처럼 자신의 생각을 써 보세요.

챗GPT가 모든 걸 다 해 줄 수 있다고?

	주장	주장에 대한 이유나 부연 설명
현수	ㅇ더 많은 사람들이 활용할 수 있게 해야죠!	ㅇ실생활에 굉장히 필요한 기술입니다! 띄어쓰기랑 맞춤법을 잘 몰라서 챗GPT에게 물어봤는데 아주 깔끔한 문장으로 만들어 줬어요. 편리하라고 만든 거니까 더 많은 사람들이 활용했으면 좋겠어요.
지용	ㅇ잘못 사용되지 않도록 주의해야 해요!	ㅇ유용한 점이 있지만 너무 의존해선 안 돼요! 잘못 사용되지 않도록 주의해야 합니다! 친구들 중에 챗GPT로 숙제를 하겠다는 애들도 있어요. 이런 식으로 자기가 할 일을 챗GPT에게 대신 맡기는 건 좋은 태도가 아니라고 생각해요.

경제·정치

사과 가격 상승

사과 비싸? 그럼 그냥 수입하든가!

이슈

올라도 너무 오른 사과값, 대책 내놓은 정부

전 국민에게 사랑받는 과일, 사과! 사과 가격이 하늘을 찌르고 있습니다. 마트에서 사과 한 개 평균 가격은 3000원, 비싼 건 4000원이 넘습니다. 2024년 1월 기준, 우리나라 사과 가격은 지난해 같은 월 대비 56.8퍼센트 오른 데 이어 2월엔 71퍼센트나 올랐습니다.

사과를 중심으로 농산물 가격이 지나치게 오르자 정부는 "할인 판매 지원을 확대하고, 대체 과일 수입을 늘려 사과 가격이 평년 수준으로 낮아지도록 총력을 기울이겠다"고 밝혔습니다.

이른바 '금(金) 사과' 시대. 사과 가격이 이렇게 오른 이유는 이상 기온으로 수확량이 확 줄었기 때문입니다. 게다가 여름철 집중 호우에, 수확 시기에는 탄저병까지 발생했죠.

"그럼 수입해서 먹으면 되는 거 아냐?" 이번 사태를 놓고 이런 목소리도 들려옵니다. 그런데 현재 국제 협약과 국내법에서 생과실과 열매채소는 원칙적으로 수입을 금지하고 있습니다. 수입을 하려면 병해충에 대한 안전성을 확보해야 합니다.

정부가 일시적으로 사과 수입을 검토한다는 말이 돌기도 했지만 정부는 검토한 바 없다는 입장입니다. 농림축산식품부에 따르면 농산물을 수입할 때는 〈국제식물보호 협약(IPPC)〉에 따라 농산물 수입을 위한 수입 위험 분석을 8단계에 걸쳐 진행해야 합니다. 분석 절차가 복잡하기 때문에 기간도 길어질 수밖에 없습니다. 농림축산식품부는 "사과를 바로 수입한다고 해도 당장 효과를 낼 수 있는 것은 아니다"라고 말했습니다.

＊ 정치/경제부 이진실 기자 honest@책폴.com

수입하면 된다? 쉽게 말해선 안 돼!

일반 작물과 달리 생과일은 원칙적으로 수입이 금지돼 있습니다. 우리나라에 수입이 허용된 생과일은 감과 포도, 체리를 비롯한 76개 품목에 불과합니다. 그 외의 품목은 현행 〈식물방역법〉, 〈국제식물보호협약〉과 세계무역기구의 〈위생 및 식물 위생 조치의 적용에 관한 협정(SPS협정)〉 등에 따라 수입을 엄격하게 관리합니다. 외국에서 사과를 비롯한 각종 생과일을 모두 수입하면서 병해충이 같이 들어오면 방제에 막대한 비용이 들고, 국내 농가에 큰 피해를 줄 수도 있기 때문입니다.

올해만 이러고 말 일은 아니라는데…

전문가들은 "만약 사과를 수입하면 우리 농가가 더 어려워질 수 있다"고 우려합니다. 사과나무는 사과 수확까지 약 4~5년이 소요됩니다. 사과 농가 측은 "올해 가격이 올랐다고 해서 수입을 결정한다면 당장 가격을 떨어지겠으나 내년, 내후년 생산량이 평년 수준을 유지했을 때 사과 농가가 큰 어려움에 처할 수 있다"고 말합니다. 특정 과일 가격이 치솟을 때마다 수입을 결정한다면, 농가는 버틸 힘이 없어지고, 결국 산업 자체가 무너질 수 있다는 얘기입니다.

　보다 장기적인 해결책을 고민해야 한다는 말도 나옵니다. 기후 위기 시대인 데다 도시화로 인해 농사를 지을 땅과 농사를 지을 사람 수가 줄어들고 있습니다. 앞으로 과일 생산량은 예측하기 더 어려운 상황입니다.

농산물 수확량 감소는 전 세계의 고민

'기후 재해'로 인한 농산물 수확량 감소는 우리나라만의 문제가 아닙니다. 유럽중앙은행은 최근 기후 위기에 따른 극단적 기후 현상이 식품 가격 안정성에 큰 위험을 준다고 발표했습니다. 이는 농산물을 수입하는 것이 근본적인 대책이 아님을 말해 줍니다.

덕분에 만나는 시사 용어

● 기후 플레이션

"기후가 물가에 영향을 끼치는 시대가 오다니!"

'금(金) 사과' 시대를 분석한 기사를 읽고 이런 말을 하진 않았나요? 실제로 기후변화로 인해 사람이 감당해야 할 경제적 비용이 오르는 것을 가리키는 말도 있습니다. 바로 '기후 플레이션(climateflation)'입니다. '기후(climate)'라는 단어에 '일정 기간 동안 물가가 지속적이고 비례적으로 오르는 현상'을 뜻하는 '인플레이션(inflation)'을 합친 말. 영국 BBC 시사 프로그램 〈뉴스나이트〉가 기후변화로 인한 고물가 시대를 기획으로 다루면서 이 용어를 처음 사용했고, 그 이후 전 세계적으로 쓰이게 됐답니다.

✎ 수리수리 논술이

Q1. 우리나라 '사과 가격'은 2023년과 2024년 사이 얼마나 올랐을까요? 이에 정부는 어떤 대책을 내놨나요? 기사에서 관련 내용을 찾아 써 보세요.

....

....

Q2. 사과 가격은 왜 오른 걸까요? 사과 가격이 오른 이유를 기사에서 찾아 간략히 정리해 보세요.

....

....

Q3. 사과 가격이 지나치게 오른 상황에서 어떤 대책이 필요할까요? 아래 두 친구처럼 자신의 생각을 써 보세요.

사과 가격 계속 오르는데… 이를 어쩌죠?

	주장	주장에 대한 이유나 부연 설명
소영	○수입요? 농민들 생각도 해야죠!	○당장의 상황만 생각해서 수입을 결정해선 안 된다고 생각해요! 수입 농산물이 들어와서 작물 가격이 떨어지면 우리나라 농민들은 너무 힘들어질 수 있으니까요.
보름	○길게 내다보고 머리를 써야죠!	○기후 위기에 대비하는 아이디어가 나와야 합니다. 사과 가격이 이렇게 오른 건 이상 기온으로 수확량이 감소했기 때문이잖아요. 이런 현상은 앞으로 더 심해질 거예요. 사과가 수확량이 줄었다면, 품종을 대체하는 등 길게 보고 대비를 해야죠.

TIP. 2

기사 똑똑하게 읽는 법

Q. 근거가 약하고, 띄어쓰기·맞춤법도 많이 틀렸다고요?

기사가 독자들 앞에 오기까진 취재기자만이 아니라 편집기자, 편집 데스크 및 에디터 등 다양한 전문 직업인의 손을 거칩니다. 이들은 기사에 주장만 있고 근거는 약하지 않은지, 논리적인 오류는 없는지 부터 문장은 읽기 쉬운지, 맞춤법과 띄어쓰기는 잘되었는지를 함께 검토해요.

만약 '~해야 합니다!' 등 주장만 가득하고, 이에 대한 근거(이유)가 없다면 좋은 기사가 아닙니다. 또한, 맞춤법과 띄어쓰기 실수가 너무 많이 나왔다면 이 역시 좋은 기사가 아니죠.

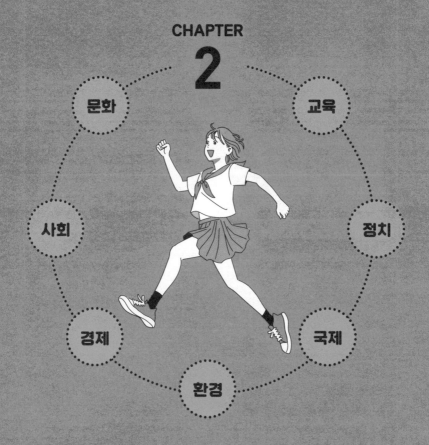

문화

버추얼 아이돌

애니메이션 아니에요! 아이돌이라니까!

이슈

버추얼 아이돌 플레이브, 차트 1위

"애니메이션 캐릭터 아니에요. 플레이브는 엄연한 버추얼 아이돌입니다!"

2024년 3월 7일 서울 영등포구 '더현대 서울'에서 열린 버추얼 아이돌 세 팀(이세계아이돌, 스텔라이브, 플레이브)의 팝업 스토어. 플레이브의 팬이 목소리를 높여 얘기합니다.

굿즈도 판매하고, 사진도 찍을 수 있게 만든 팝업 스토어에는 17일간 10만 명이 다녀간 것으로 집계됐습니다. 매출만 70억 원. 같은 장소에서 열린 패션 팝업 스토어의 매출보다 7배 높은 수치입니다.

최근 연예계에서 버추얼 아이돌의 활약이 도드라집니다. 버추얼 아이돌은 이름처럼 '가상' 아이돌로, 실제 얼굴이 아닌 특정 캐릭터의 모습으로 활동하는 아티스트를 의미합니다. 버추얼 아이돌이 개성 있는 세계관을 담은 앨범으로 그간 K팝 아티스트들이 이끌어 온 가요계 판도를 뒤집어 놓고 있습니다. 대표 주자로 플레이브, 이세계아이돌 등이 있습니다.

2024년 3월 9일 문화방송(MBC)의 음악방송 〈쇼! 음악 중심〉에서 플레이브는 '현실 아티스트' 르세라핌과 비비를 제치고 1위를 차지했습니다. 지난 2월 발매된 플레이브의 미니앨범 2집은 써클차트 주간 차트 1위, 케이타운포유 주간 차트 1위 등 음반사 판매량 1위를 달성하기도 했습니다. 한편, 이세계아이돌은 2023년 〈키딩〉으로 국내 차트에서 1위를 차지한 데 이어 빌보드 차트까지 입성한 바 있습니다.

＊ 문화/스포츠/연예부 안테나 기자 antenna@책폴.com

가상 캐릭터지만 성격과 취향, 스토리 있어

버추얼 아이돌은 쉽게 말해 '가상의 캐릭터로 활동하는 아이돌'이라고 할 수 있습니다. 이들은 그래픽으로 만들어졌지만, 멤버별 성격과 취향, 스토리가 있고 팬들과 라이브 방송으로 소통도 합니다.

버추얼 아이돌은 몇 가지 유형으로 나뉩니다. 버추얼 아이돌의 대표 주자인 이세계아이돌이나 플레이브의 뒤에는 노래와 춤, 작사·작곡을 실제로 하는 '사람'이 존재합니다. 본체가 춤을 추면 모션 캡처 기술을 통해 이를 그래픽으로 만드는 식이죠. 이와 달리 버추얼 아이돌인 메이브는 본체 없이 인공지능(AI)으로 구현했습니다.

사생활 이슈 없고, 전 세계 동시 활동도 가능

버추얼 아이돌의 매력은 과연 뭘까요? 전문가들은 어떤 콘셉트도 자유롭게 시도할 수 있다는 점을 버추얼 아이돌의 매력 포인트로 손꼽곤 합니다. 진짜 사람이 아니기 때문에 굉장히 다양한 세계관을 유연하게 선보일 수 있다는 의미죠.

한편, 소속사 입장에선 각종 스캔들, 음주 운전 등 사생활 이슈로 문제가 불거질 위험성이 없어 좋습니다. 헤어·메이크업비, 교통비 등의 비용이 들지 않는다는 것도 장점이죠. 이들은 다른 연예인과 달리 시공간 제약 없이 전 세계에서 동시에 활동할 수도 있습니다. 팬들은 여기에 더해 "영원히 늙지 않고, 저와 평생 함께할 수 있어 좋아요!"라는 얘기를 하기도 합니다.

팬들이 함께 만들어 가는 아이돌 문화

기존 아이돌이 전문 제작사에서 완성되어 나오는 경우가 많았다면, 버추얼 아이돌 상당수는 팬들이 함께 참여해 그 캐릭터를 만들어 가고 있습니다. 그 점도 버추얼 아이돌 문화의 특별함으로 손꼽힙니다. 팬이 단순 소비자가 아닌 창작자 역할을 하고 있다는 의미입니다. 한 예로 이세계아이돌은 팬들이 재능 기부로 작사·작곡한 음악으로 활동하기도 합니다.

덕분에 만나는 시사 용어

• 팬슈머
"나도 참여했어!" 상품이나 브랜드 생산 과정에 소비자가 참여하는 사례도 늘고 있죠? 최근엔 이런 이들을 부르는 '팬슈머(fan+consumer)'라는 표현도 등장했어요. 팬슈머는 본인이 좋아하는 상품이나 브랜드를 적극적으로 소비함과 동시에 기업과 능동적으로 소통합니다. 팬슈머의 영향력이 커지면서 기업들은 팬슈머의 SNS 등을 통해 제품을 홍보하기도 해요. 혹시 여러분 중에도 팬슈머가 있나요?

수리수리 논술이

Q1. '버추얼 아이돌'이란 무엇인가요? 기사를 읽고, 간략히 정리해 보세요.

....

....

Q2. 버추얼 아이돌은 어떤 매력이 있을까요? 기사를 읽고, 관련 내용을 정리해 보세요. 기사에 언급된 내용에 더해 인터넷에서 다른 사례들도 더 찾아보세요.

....

....

Q3. '버추얼 아이돌 인기' 관련 뉴스를 보며 여러분은 어떤 생각을 했나요? 아래 두 친구처럼 자신의 생각을 써 보세요.

버추얼 아이돌이 뜹니다!

	주장	주장에 대한 이유나 부연 설명
재인	○영향력 행사하는 엄연한 아이돌 연예인입니다!	○저도 플레이브 좋아해요! 버추얼 아이돌이 아이돌이 맞느냐, 아니냐 하는 얘기들도 있던데요. 저는 당연히 아이돌, 유명인이라고 생각합니다. 실제로 존재하진 않지만, 존재하고 있고, 팬들에게 큰 영향력을 행사하잖아요.
현수	○팬들이 함께 만드는 연예인 문화, 건강해 보여요!	○버추얼 아이돌 인기 현상은 팬들에게도 굉장히 긍정적입니다. 일반적인 아이돌은 소속사의 생각만 반영되지만, 버추얼 아이돌은 팬들의 의견을 적극적으로 반영하는 경우가 많더라고요. 팬들에게도 문화를 만들 기회를 제공한다는 게 참 건강해 보여요.

정치 · 사회

저출생

유치원 자리에 요양병원 생겼네…

이슈

유치원 입학생 27만 명으로 확 줄어

2024년은 우리나라에 '트리플 인구 절벽'이 몰아치는 해입니다. 트리플 인구 절벽이란, 유치원과 초등학교, 대학교에 입학하는 학생 수가 전년 대비 크게 줄어드는 현상을 뜻하는 말입니다.

2024년 유치원에 입학하는 2020년생은 고작 27만 명밖에 되지 않습니다. 전문가들은 2010년대만 해도 40만 명대였던 출생아가 20만 명대로 줄어든 데 대해 "코로나19 여파에 따른 저출생이 본격적으로 학령인구에 적용됐다"고 분석합니다.

저출생이 계속되는 상황에서 어린이의 빈자리를 노인이 메우는 현상도 두드러집니다. 멀리 갈 것도 없습니다. 동네 유치원, 초등학교 자리에는 어느새 양로원과 요양병원이 들어섭니다. 우리나라의 저출생 문제는 전 세계의 주목거리입니다. 최근《뉴욕타임스》는 <한국은 소멸하는가?>라는 칼럼에서 우리나라의 상황을 흑사병 창궐로 인구가 급감했던 14세기 중세 유럽 시기에 비유하며 우려를 표하기도 했습니다.

2023년 한국은행이 발간한 보고서 <초저출산 및 초고령 사회—극단적 인구구조의 원인, 영향, 대책>에서는 출산율 하락 이유로 전반적인 경쟁 압력과 함께 주거·고용·양육 등 3가지 측면에서 청년들이 느끼는 불안을 꼽았습니다.

정부와 학계에서 출생률을 높이기 위해 고용과 주거, 교육 문제 개선 등 여러 가지 방안들을 내놓고 있으나 시간이 부족합니다.

＊사회/교육부 눈밝음 기자 **brighteyes**@책폴.com

출생아 연속 감소세 두드러져

2024년 4월 24일 통계청의 〈2024년 2월 인구 동향〉에 따르면 2024년 2월 출생아 수는 1만 9362명입니다. 1년 전보다 658명(3.3퍼센트) 줄어드는 등 16개월 연속 감소세를 기록한 수치입니다. 통계청에 따르면, 2월 기준, 출생아 수가 2만 명 아래로 떨어진 건 1981년 통계 작성 이후 처음입니다.

참고로 2월 사망자 수는 2만 9977명으로 1년 전보다 9.6퍼센트 증가했습니다. 사망자 수는 2월 기준 역대 가장 많은 수준입니다.

"문제는 돈이 아니야!" 목소리도

'둘째 낳으면 300만 원', '부모 급여 확대', '대출 저금리 혜택'. 정부에서 이렇게 출생 관련 재정 지원을 하고 있지만 사람들은 "단순히 돈으로 해결할 수 있는 문제만은 아니다"라고 말합니다.

각종 자료를 보면 우리나라 청년들이 느끼는 저출생 현상의 근본 원인으로는 경쟁에 따른 압력, 고용 및 주거, 양육을 둘러싼 불안감 등이 손꼽히고 있습니다. 이에 따라 고용률을 높이고, 집값도 안정화하고, 수도권 위주의 인구 집중도를 낮추는 등의 변화가 필요하다는 주장도 나옵니다. 또한, 자녀가 있는 여성들이 고용 불안에 시달리는 사례가 많다는 점도 문제로 지적되고 있습니다.

'출산'과 '출생'의 차이부터 공부해요!

전문가들은 "인구 문제와 관련해서 우리 사회가 '출산'이 아닌 '출생'에 관심을 기울여야 할 필요가 있다"고 말합니다. '출산'은 '아이를 낳음', '출생'은 '세상에 나옴'이라는 뜻입니다. '저출산'이라는 용어가 아이를 적게 낳는 주체에 시선을 둔다면, '저출생'은 출생 인구가 줄어드는 사회구조에 주목하는 표현이라고 할 수 있죠. 즉, 인구가 줄어드는 문제를 개인의 문제가 아닌, 사회구조의 문제로 바라봐야 지금의 상황을 해결할 방안이 제대로 나올 수 있다는 이야기입니다.

덕분에 만나는 시사 용어

● **인구 절벽**
저출생, 인구 관련 기사를 보면 '인구 절벽'이라는 말을 흔히 볼 수 있어요. 인구 절벽은 한 국가나 구성원의 인구가 급격히 줄어들어 인구 분포가 절벽이 깎인 모습처럼 역삼각형 분포를 보이는 것을 뜻하는 말입니다. 2014년 미국 경제학자 해리 덴트가 제시한 개념으로 일반적으로 한 사회의 생산 가능 인구(15~64세) 비율이 급속도로 줄어들고, 고령 인구(만 64세 이상)가 늘어나는 경우를 의미하죠. 2024년 '트리플 인구 절벽'을 맞는 우리나라. 인구에 대한 고민을 함께해 봐야겠죠?

수리수리 논술이

Q1. '트리플 인구 절벽'이란 무엇을 말하나요? 기사를 읽고 간략히 정리해 보세요.

....

....

Q2. '우리나라 저출생 현상'은 얼마나 심각한가요? 기사에서 관련 통계나 사례 등을 찾아 간략히 정리해 보세요. 다른 온라인 기사를 참고해도 좋습니다.

....

....

Q3. '저출생 문제'에 대한 여러분의 생각이 궁금합니다. 아래 두 친구처럼 자신의 생각을 써 보세요.

아이 수가 줄어들고 있다는데…

	주장	주장에 대한 이유나 부연 설명
진석	○경제적인 지원은 필요해요!	○저는 경제적인 부분 때문에 아이를 안 낳는 현상이 심해지고 있다고 생각해요. 아이를 키우려면 돈이 많이 들잖아요. 아이가 학교에 가면서부터는 사교육비도 들어가고요. 그런 점에서 돈을 지원해 주는 해결 방법이 굉장히 의미가 있다고 봅니다.
송현	○여성들이 아이를 낳고도 사회생활을 계속할 수 있게 해 줘야 해요.	○저희 엄마도 저 낳으면서 회사를 관두셨거든요. 아이도 중요하지만 일을 하는 것도 중요한 세상 아닌가요. 아이 한 명 낳는다고 일을 그만두게 하는 분위기가 있으면, 자녀 없이 살겠다고 결정하는 사람들도 많을 거예요.

사회·교육

학교 폭력
대입 반영

학폭 가해자!
넌 이제 대학 못 가!

이슈

학교 폭력 기록 있으면 대학 가기 어려워져

앞으로는 학교 폭력 가해 기록이 있으면 대학 입학이 어려워집니다. 정부가 2026학년도 대입부터 모든 대학의 정시·수시 모집에서 학교 폭력 가해 이력을 필수적으로 반영하기로 했습니다. 정부는 2023년 4월 12일 이러한 내용을 바탕으로 <학교 폭력 근절 종합 대책>(이하 대책)을 발표했습니다.

교육부는 대입 방향을 결정하는 한국대학교육협의회(대교협)의 '2026학년도 대입 전형 기본 사항'에 학교 폭력 내용 반영을 포함하도록 하겠다고 밝혔습니다. 학교 폭력 내용을 입시에 어느 정도로 반영할지 구체적인 방식과 기준은 대학별로 정합니다.

대책에 따르면, 학교 폭력 1~9호 조치 중 중대 사안에 해당하는 출석 정지(6호), 학급 교체(7호), 전학(8호)에 대해선 학생부 기록 보존 기간을 현행 2년에서 4년으로 늘립니다. 만약 현재 고1이 출석 정지 이상 처분을 받으면 대입 5수까지도 불이익을 받을 수 있다는 얘기입니다. 정부 측은 "대개 대입은 3수까지 많이 한다는 점을 감안해 결정했다"고 설명했습니다.

징계 기록 삭제 요건도 엄격해집니다. 현재는 사회봉사(4호)부터 전학(8호) 조치를 받은 기록은 졸업 직전 학내 학교 폭력심의위원회 논의 후 삭제할 수 있습니다. 앞으로는 졸업 후 4년간 전학 조치를 삭제할 수 없습니다. 4~7호 조치에 대해서는 피해 학생이 동의 확인서를 제출해야만 삭제할 수 있게 바뀝니다.

＊사회/교육부 눈밝음 기자 brighteyes@책폴.com

고위 공직자 후보 자녀 '학폭' 사건이 계기

이번 대책은 2023년 2월 국가수사본부장에 임명됐다 사퇴한 어느 변호사의 아들 학교 폭력 사건을 계기로 만들어졌습니다. 그 변호사의 아들은 고교에서 학교 폭력으로 강제 전학 처분을 받았으나 징계에 불복해 소송을 제기했고, 다른 고교로 전학 후 최상위권 대학에 입학해 논란이 됐죠. 대책은 가해자의 상급 학교 입시에 불이익을 강화하는 데 초점을 두고 있습니다. 그 변호사 아들이 학폭 가해 이력이 있는데도 대학 정시 모집에 합격하면서 반발 여론이 커졌기 때문입니다.

학폭에 효과 있을 것 vs. 평생 꼬리표 남겨

학교 폭력 기록 대입 반영과 관련해 "우리나라에서 대학 입시만큼 예민한 부분이 또 없으니 이번 대책이 학교 폭력을 줄이는 데 효과가 있을 것이다"라는 전망이 나옵니다. 공부를 아무리 잘하더라도 기본 인성이 우선이라는 점을 상징적으로 알리는 데 도움이 될 거라는 시각도 있어요.

학교 폭력 가해자는 처벌받아야 마땅하지만, 현재 학교 규정에 맞춰 이미 처벌을 받았음에도 대입에까지 이 기록이 반영되면 '평생의 꼬리표'가 되는 거 아니냐는 의견도 있습니다. 성장기 때 저지른 일이니 과한 처벌보단 반성을 돕는 제도가 필요하다는 겁니다. 더불어 가해 학생과 피해 학생 간 학교 폭력 관련 소송이 지금보다 증가할 것을 우려하는 목소리도 들려옵니다.

학폭? 진짜 문제는 따로 있어요!

교사들과 학부모들 사이에선 학교 폭력이 입시 경쟁 등 우리나라 특유의 교육, 사회 문화와 관련이 있다는 이야기도 나옵니다. 한 교사는 "어릴 때부터 경쟁에 길들여지면서 아이들도 공격성이 커지고 있다"며 "경쟁 교육 시스템이 바뀌지 않으면 학교 폭력의 근본적인 해결도 어렵다"고 말합니다.

덕분에 만나는 시사 용어

• 엄벌주의

학교 폭력 관련 대책이 나올 때 '엄벌주의'라는 표현을 자주 볼 수 있을 겁니다. 엄벌주의란, 잘못한 사람에게 엄하게 벌을 주려는 방침을 뜻해요. 잘못을 저지르면 벌을 받는 게 맞지만, 과한 엄벌주의에 대해서는 범죄를 저지른 이의 사회 복귀를 지원하기보다 죗값을 치르게 하는 데 집중한다고 비판하는 이들도 있답니다.

수리수리 논술이

Q1. 정부가 발표한 <학교 폭력 근절 종합 대책>은 어떤 내용으로 되어 있나요? 주요 내용 두 가지만 기사에서 찾아 간략히 정리해 보세요.

....

....

Q2. <학교 폭력 근절 종합 대책>이 나오게 된 배경은 무엇인가요? 기사에서 찾아 간략히 정리해 보세요.

....

....

Q3. 학교 폭력 기록을 대학 입시에 반영하는 것에 대한 여러분의 생각이 궁금합니다. 아래 두 친구처럼 자신의 생각을 써 보세요.

학폭 기록을 대학 입시에 반영한다고?!

	주장	주장에 대한 이유나 부연 설명
재은	○ 아주 적절한 대책이라고 생각합니다!	○ 우리나라에서 대학 입시는 매우 민감하잖아요. 학교 폭력을 저지르려 하다가도 '내 행동이 대학 입시와 연결되어 있다'는 생각 때문에 안 하게 될 거 같아요. 효과가 있을 거예요. 사실 피해자에게 씻을 수 없는 상처를 준 가해자에게 이 정도 처벌은 센 것도 아니에요.
송희	○ 너무 과한 거 아닐까요?	○ 가해자가 피해자에게 평생에 남을 상처를 준 건 사실이지만 학교에서 처벌을 받으면서 진심으로 반성하는 사람들도 있을 겁니다. 뉘우치고 공부해서 대학에 진학하려는 가해자들도 있을 텐데요. 물론 가해자를 옹호하려는 건 전혀 아닙니다! 오해는 하지 마세요.

사회

·········

동물 학대
양형 기준

내 거 내가
때린다는데 웬 참견?

이슈

늘어나는 동물 학대 범죄··· 양형 기준 신설한다

"유기견 데려와 굶긴 후 죽여", "반려견 오토바이에 매달고 200미터 달려"
이런 동물 학대 사건이 늘고 있지만, 처벌 수위가 낮고 일관성도 없다는 지적이 계속
나왔는데요. 이런 상황에서 대법원 양형위원회가 동물 학대 범죄 유형에 대한 구체적
인 양형 기준을 마련하기로 했습니다. 양형이란, 유죄 판결을 받은 피고인에 대해 형
벌의 양을 결정하는 일을 말하죠.

대법원 양형위원회는 2024년 6월 17일 "동물을
죽이거나 죽음에 이르게 하는 행위와 동물에게
고통을 주거나 상해를 입히는 행위 두 유형으로
분류해 기준을 세우기로 했다"고 밝혔습니다. 구
체적으로는 '잔인한 방법으로 동물을 죽이는 행
위', '같은 종의 다른 동물이 보는 앞에서 죽음에
이르게 하는 행위', '유기 동물을 포획해 죽이는

행위', '물리적·화학적 방법으로 상해를 입히는 행위' 등에 대한 구체적 처벌 기준이
나올 것으로 보입니다.

현행 동물보호법에 따르면 동물을 잔인한 방법으로 죽음에 이르게 한 경우에 3년 이
내 징역 및 3000만 원 이하 벌금형을 내릴 수 있지만, 실제로 <동물보호법> 위반 사
건 1심 실형 선고 비율은 10퍼센트가 채 되지 않습니다.

양형 기준을 반드시 지켜야 하는 것은 아닙니다. 단, 이 기준을 벗어날 경우 판결문에
사유를 적어야 합니다. 이 때문에 전문가들은 "준수율이 90퍼센트에 달할 것으로 기
대한다"고 말합니다. 양형위원회 관계자는 "기준을 신설하면서 동물 학대 범죄에 대
한 처벌 수위도 좀 더 일관성을 갖게 될 것"이라고 설명했습니다.

＊ 사회/교육부 눈밝음 기자 brighteyes@책폴.com

끊이지 않는 동물 학대 사건 사고

반려동물 인구 천만 시대가 무색하게 우리 사회에선 동물 학대 범죄가 끊이지 않습니다. 전문가들은 "가해자들에겐 '내 건데 왜 맘대로 못하게 해?'라는 심리가 깔려 있다"고 말합니다. 해외 주요 선진국들은 동물을 소유물이 아닌 인격체로 인정하는 동물 복지가 발달했지만, 우리나라는 이런 인식이 부족하다는 지적도 많이 나왔습니다.

　최근 경찰청 등 자료에 의하면 〈동물보호법〉 위반 사건은 2016년 303 건에서 2020년 992건, 2021년 1072건으로 6년간 3배 이상 증가했고, 수법도 갈수록 잔인해지는 것으로 드러났습니다.

"납득할 만한 처벌 필요해" 목소리도

전문가들과 시민들은 동물 학대 범죄에 양형 기준이 마련됐다는 소식을 반기는 분위기입니다. 반려견과 함께 사는 장소희 씨는 "생명을 굶기고 학대하다 죽인 사람에게 겨우 벌금 몇백만 원 매기는 수준의 처벌은 너무 솜방망이다"라며 "재발 또는 유사 범죄가 일어나지 않기 위해서라도 납득할 만한 처벌이 내려져야 한다"고 말합니다.

　강력한 처벌 규정을 둔 해외 사례를 참고하자는 말도 나옵니다. 영국에선 〈동물복지법〉에 따라 중대 동물 학대범은 동물 소유권을 뺏길 수 있고, 최대 5년의 징역형과 금액 한도 없는 벌금형을 선고받을 수 있습니다.

영국선 온라인 동물 학대 콘텐츠도 규제

최근에는 온라인 공간에서 동물 학대 영상 등을 올리는 식의 범죄가 새롭게 등장했습니다. 해외에서는 이런 행위를 규제하려는 움직임이 일고 있습니다. 영국 정부는 동물 학대 콘텐츠가 SNS에 올라올 경우 해당 플랫폼 회사가 콘텐츠를 신속하게 내리고, 이를 어길 시 벌금을 부과하는 법률을 마련하기로 했습니다.

덕분에 만나는 시사 용어

● **반려동물**

우리나라 〈동물보호법〉을 보면 '반려동물'이라는 표현을 볼 수 있습니다. 이 말은 뉴스에서도 많이 나오죠. '반려(伴侶)'란, '함께 살아가는 짝이 되는 동무'라는 뜻으로 해석할 수 있어요. '인간이 사랑하고 갖고 노는 동물'이라는 뜻의 애완(愛玩)과는 차이가 있죠. 과거에는 우리와 일상을 함께하는 동물을 애완동물이라 부르곤 했지만 이젠 반려동물이라는 표현을 많이 쓰죠. 하지만 늘어나는 동물 학대 사건을 보면 아직 갈 길이 멀어 보입니다. 반려동물을 '장난감'이나 '소유물'이 아닌 '생명', '친구'로 바라보는 마음이 절실히 필요한 시대죠.

수리수리 논술이

Q1. 최근 우리 사회에 어떤 동물 학대 범죄가 일어났나요? 기사에서 찾아 간략히 정리해 보세요. 다른 온라인 기사를 참고해도 좋습니다.

....

....

Q2. 우리 사회 '동물 학대 범죄'는 얼마나 증가했을까요? 기사에서 찾아 관련 내용을 그래프로 그려 보세요. 다른 온라인 기사를 참고해도 좋습니다.

Q3. '동물 학대 사건에 양형 기준이 마련된다'는 소식에 대한 여러분의 생각이 궁금합니다. 아래 두 친구처럼 자신의 생각을 써 보세요.

동물 학대 사건, 구체적인 처벌 기준이 나온다고?

	주장	주장에 대한 이유나 부연 설명
수빈	○이유 불문! 무조건 처벌해야 합니다!	○동물은 인간과 함께 살아가는 친구이자 가족이잖아요. 동물 학대는 사람이 사람을 굶기고, 때리고, 죽이는 행동과 다를 바 없어요. 동물도 생명이니까요. 무겁게 처벌해서 가해자가 자신이 얼마나 큰 범죄를 저질렀는지 깨달았으면 좋겠어요.
지혜	○큰 벌을 받게 해야 합니다.	○동물에게 함부로 대해도 된다고 생각하는 것 자체가 폭력이에요. 폭력을 행사하는 사람은 당연히 큰 벌을 받아야죠. 처벌이 강화되면 동물 학대 범죄가 줄어드는 효과가 있을 겁니다.

TOPIC 18

문화

OTT vs. 극장

그 넓은 극장에서 나 혼자 영화 봤잖아!

이슈

OTT 한 달 구독료, 영화 한 편 값인데…

김현영 씨는 최근 극장을 찾았다가 깜짝 놀랐습니다. 평일 오전에 휴가를 쓰고 보게 된 조조 영화. 넓은 극장에 관객은 김 씨 혼자였죠. 김 씨는 "요즘 OTT(온라인 동영상 서비스)로 집에서 영화 보는 사람들이 많다고 하지만 극장이 이 정도로 텅 빌 줄은 몰랐다"고 말합니다.

영화를 좋아하는 직장인 박현민 씨는 요즘 OTT로 일주일에 평균 네 편씩 영화를 봅니다. 몇 년 전만 해도 영화를 보러 극장에 자주 드나들었지만, 넷플릭스, 왓챠 등 집에서도 원하는 영화를 볼 수 있는 플랫폼이 등장하면서 극장에 가는 횟수가 점점 줄어들었죠. 박 씨는 "OTT 채널 4개를 구독하고 있는데 웬만한 영화, 드라마, 예능까지 다 있어서 영화관에 거의 가지 않는다"고 말합니다.

OTT의 등장으로 영화관에서 영화를 보던 관람 문화가 점점 사라지고 있습니다. 방송통신위원회에 따르면 2023년 국내 OTT 이용률은 2022년 대비 5퍼센트 증가한 77퍼센트로 집계됐습니다.

극장 관객 수가 줄어들기 시작한 건 코로나19가 터지면서부터였어요. 사회적 거리 두기 시행으로 극장은 직격탄을 맞았었죠. 코로나19가 풀리며 다시 활기를 찾을 거라는 얘기가 나왔지만 그렇진 않았습니다. 그 사이 OTT 서비스가 극장의 대안으로 떠올랐기 때문이죠. 극장가가 티켓 가격을 올린 것도 관객 수 하락의 이유로 손꼽힙니다. 관객들은 "OTT 한 달 구독료가 영화 한 편 값이라 '굳이 극장에 가야 하나?'라는 질문을 하게 된다"고 말합니다.

＊ 문화/스포츠/연예부 안테나 기자 antenna@책폴.com

시간, 장소 제약 없이 영화와 드라마를…

'OTT(Over The Top)'는 인터넷을 통해 볼 수 있는 TV 서비스를 뜻하는 말입니다. 사람들은 시간과 장소 제약 없이 영화, 드라마 등 다양한 콘텐츠를 접할 수 있다는 점을 OTT 서비스의 매력으로 삼곤 합니다. 월 구독료만 내면 한 달 동안 여러 개 콘텐츠를 마음껏 볼 수 있기 때문에 굉장히 경제적이라고 생각하는 사람들도 많습니다. 대표적인 OTT로 미국의 '넷플릭스', 우리나라의 '티빙' 등이 있습니다.

OTT로 가기까지 최소 4개월은 지나야지!

OTT의 등장으로 극장 및 영화인들이 어려움에 처하자 정부는 '홀드백(hold back)'이란 제도를 도입하기로 했습니다. 홀드백이란, 한 편의 영화가 이전 유통 창구에서 다음 창구로 이동할 때까지 걸리는 기간을 뜻합니다. 쉽게 말해, 극장에서 개봉 후 OTT 서비스에서 오픈하기까지 걸리는 기간을 말해요. 정부는 기존에 업계에서 개봉일 기준으로 약 1~3개월 후에 넷플릭스 등 OTT 서비스에 공개되던 자율 관행을 4~6개월로 늘리려고 하고 있죠.

극장가는 홀드백 기간 법적 제정에 찬성하는 입장이지만, 홀드백이 대형 극장에 걸리는 흥행 위주 영화에만 좋은 일이라는 시각도 있습니다. 독립영화 등은 애초 극장 개봉이 어려워 OTT로 관객을 만나는 경우가 많기 때문이죠. 한편, 홀드백 규제에 대해 "소비자의 선택권을 침해하고, 경제적 부담을 강요하는 일이다"라는 비판도 나옵니다.

극장의 몰락은 자연스러운 시대 변화?

극장이 어려워진 것과 관련하여 "마트에 키오스크가 등장한 것처럼 OTT 시대가 온 것은 자연스러운 시대 변화로 봐야 한다"는 견해도 있습니다. 이들은 "극장 역시 소비자의 선택을 받기 위해 경쟁을 해야 한다"고 말합니다. 실제로 규모는 작지만 자신들만의 특별한 마케팅, 홍보 등으로 관객들에게 꾸준한 사랑을 받는 극장 사례도 없진 않습니다.

덕분에 만나는 시사 용어

• 멀티플렉스

영화 관련 기사를 보면 '멀티플렉스(multiplex)'라는 표현이 많이 보입니다. 멀티플렉스는 두 개 이상의 스크린을 가진 영화관을 뜻하는 말이죠. 극장만 있는 게 아니라 전자 게임 시설, 쇼핑 시설, 음반 판매점, 서점 등 종합적인 문화 소비 시설이 옆에 형성되어 있다는 점도 멀티플렉스만의 특징이죠. 멀티플렉스가 처음 등장했을 때 작은 영화관들이 어려워질 것이라는 우려가 있었는데 이젠 멀티플렉스가 OTT에 밀려 저무는 처지가 됐습니다. 멀티플렉스를 비롯해 극장이 사람들로 붐비던 시절은 다신 안 오는 걸까요?

수리수리 논술이

Q1. 'OTT'는 무엇을 뜻하는 말인가요? 기사에서 찾아 간략히 정리해 보세요.

....

....

Q2. 최근 극장이 어려워진 이유는 무엇일까요? 기사에서 찾아 간략히 정리해 보세요. 다른 온라인 기사를 참고해도 좋습니다.

....

....

Q3. 극장 시대가 저물고 OTT 시대가 온 지금의 현상에 대한 여러분의 생각이 궁금합니다. 아래 두 친구처럼 자신의 생각을 써 보세요.

극장이 위기에 처했다고?

	주장	주장에 대한 이유나 부연 설명
윤정	○자연스러운 시대 변화 아닐까요?	○마트에 계산원이 사라지고 키오스크가 설치된 것처럼 시대가 변하면서 사람들이 극장의 필요성을 못 느끼게 된 거잖아요. 변화를 받아들여야죠.
진혁	○위기라고 생각할 필요는 없죠!	○저번에 영화관에서 축구를 단체 관람 했었는데 스크린도 크고, 음향 시설도 좋아서 집에서 보는 것과는 확실히 달랐어요. 영화나 드라마 중에서도 꼭 극장에서 봐야 하는 작품들이 있을 거 같아요. 그런 작품들 위주로 극장 개봉을 하는 것도 방법이 아닐까요?

사회
....
이상 동기 범죄

사람 많은 그곳에서 범죄라니…

이슈

신림역 이어 서현역까지 흉기 난동 또 발생

"사람이 많은 곳에 있어도 괜히 무섭고, 두려워요. 누군가 칼을 들고 달려들면 어떻게 해요."

2023년 8월 4일 서울 구로구에서 만난 직장인 김초희 씨의 이야기입니다. 그는 전날 발생한 '분당 서현역 흉기 난동 사건'을 떠올리면 "온몸에 소름이 돋는다"고 말했습니다.

서울 관악구 신림역 인근에서 흉기 난동 사건이 벌어진 지 13일 만이었습니다. 2023년 8월 3일 경기 성남시 분당구 서현역에서 또 한 차례 유사 사건이 일어났습니다. 이 사건으로 14명의 사상자가 나왔고, 이 가운데 한 명은 숨졌습니다. 사건에 대한 충격도 컸지만, 사건 직후 전국 곳곳에서 "사람을 해치겠다"는 예고 글이 온라인에 도배되며 시민들을 불안감에 떨게 했습니다.

경찰청은 8월 3일 전국 시·도 경찰청장 화상회의를 긴급 소집했습니다. 경찰청장은 "일련의 사건들은 개인적 원한에 의한 전통적인 범죄와 달리 그 누구나 피해자가 될 수 있다는 데서 이전의 범죄와 다른 점이 있다"며 "이는 사실상 '테러 행위'와 마찬가지"라고 말했습니다. 또한 "모방 범죄가 특히 우려된다"며 "많은 이들이 모이는 밀집 장소를 중심으로 경계 순찰을 강화해 주기 바란다"고 경찰 측에 당부했습니다.

이렇게 그 동기가 뚜렷하게 보이지 않거나 불특정 다수를 향해 벌이는 폭력적 범죄를 두고 '이상 동기 범죄'라 부릅니다. 2023년 한 해 동안 경찰이 '이상 동기 범죄'로 분류한 사례는 총 44건입니다.

＊ 사회/교육부 눈밝음 기자 **brighteyes@책폴.com**

불특정 다수를 향하는 '이상 동기 범죄'

이상 동기 범죄는 그간 언론에 의해 '묻지마 범죄'로 불려 왔습니다. 그러다 2022년 1월부터 경찰이 정한 명칭에 따라 '이상 동기 범죄'로 고쳐 부르고 있죠.

이상 동기 범죄 피의자들은 경찰에 검거되는 순간에도 술에 취해 횡설수설하거나 범행 당시가 제대로 기억나지 않는다며 범행 동기를 제대로 진술하지 못하는 경향이 있다고 합니다. 전문가들은 "이상 동기 범죄는 범행 동기가 뚜렷하게 보이는 다른 범죄와 달리 불특정 다수의 사람들에게 '나도 피해자가 될 수 있다'는 심리를 심어 줘 온 사회를 불안과 공포에 떨게 한다"고 설명합니다.

묻지도 따지지도 마? 그런 범죄는 없다!

최근 전국적으로 발생하는 이상 동기 범죄는 피의자가 정신 질환을 앓거나 술에 만취한 상태에서 범행을 저지른다는 공통점을 보입니다. 전문가들은 최근의 흉기 난동 사건에 대해 "충격적인 사건을 벌임으로써 다수의 사람들에게 공포감을 주고, 미디어의 주목을 받으려 하는 심리가 읽힌다"고 분석합니다. 그런 배경에서 범죄 명칭 앞에 '묻지마', '무동기' 등의 표현은 쓰면 안 된다는 의견이 힘을 얻고 있죠. '묻지마'라는 말에는 "더 이상 묻지도 따지지도 말라"는 의미가 담겨 있습니다. 범죄를 이런 식으로 정의하면, 범죄의 동기가 무엇인지, 어떻게 예방해야 하는지 등 해결책을 찾을 필요가 없다는 결론에 이르게 되겠죠.

이상 동기 범죄 공통점은 '사회적 고립'

20여 년간 이상 동기 범죄로 골머리를 앓아 온 일본에선 이 같은 범죄의 '동기'로 '개인의 사회적 고립'이 있음을 발견하고, 이에 대한 대책을 내놓고 있습니다. 이런 범죄를 저지른 이들 대부분이 사람들 사이에서 배제되고 고립되는 경험을 한 것으로 나타났던 것이죠. 이에 따라 일본은 2021년 고독·고립 대책 담당 부서를 별도로 설치했습니다. 참고로 우리나라 한국형사정책연구원의 조사 결과에 따르면, 우리나라에서 일어난 이상 동기 범죄의 범죄자 중 약 71퍼센트가 사회적 고립 상태에 놓였던 것으로 나타났습니다.

덕분에 만나는 시사 용어

• 범죄 프로파일링
극악한 살인사건 관련 기사를 보면 자주 나오는 단어가 바로 '범죄 프로파일링'이죠. 프로파일링(profiling)은 '자료 수집'이라는 뜻인데요. 수사 용어로 쓰일 때는 '범죄유형 분석법'이라고 해석할 수 있어요. 사건 현장에 남겨진 증거나 범행 패턴을 분석해 범인의 심리 상태나 경향 등을 추적해 보고, 범인의 프로필을 뽑아내는 수사법을 말하죠. 흉기 난동 사건을 두고 '흉악 범죄가 또 일어났네!' 이러고 만다면 프로파일링을 하기도, 범죄자를 잡기도 어렵겠죠?

수리수리 논술이

Q1. '이상 동기 범죄'는 무엇을 뜻하는 말인가요? 기사에서 찾아 정리해 보세요.

Q2. 이상 동기 범죄를 예전처럼 '묻지마 범죄'로 불러서는 안 되는 이유는 뭘까요? 기사를 읽고 정리해 보세요. 다른 온라인 기사를 참고해도 좋습니다.

....

....

Q3. 최근 자주 일어나는 불특정 다수를 대상으로 한 흉기 난동 사건에 대한 여러분의 생각이 궁금합니다. 아래 두 친구처럼 자신의 생각을 정리해 보세요.

흉기 난동 사건이 또 발생했어요

	주장	주장에 대한 이유나 부연 설명
솔이	○피해자의 정신적인 치료도 사회의 몫이에요!	○피해자들에게 국가가 정신적인 치료 등 지원을 반드시 해 줘야 해요! 이건 개인의 일이 아니라 사회의 일이니까요. 사회가 책임을 져야죠. 사고를 당한 사람들이 너무 안됐어요.
원영	○범죄의 이유를 철저히 밝혀야 해요!	○시간이 들더라도 이런 범죄가 왜 일어났는지 원인을 철저하게 밝혀야 해요! 왜냐하면 이유 없는 범죄는 없으니까요. 이유를 밝혀내야 비슷한 다른 범죄도 예방할 수 있잖아요.

국제
....
이-팔 전쟁

죄 없는 사람들이 왜 죽어야 하죠?

이슈
이스라엘-하마스 분쟁 사망자 2200명 넘어

지난 2023년 10월 7일, 팔레스타인 가자지구 인근 마을에 무장 괴한 수백 명이 침투했습니다. 팔레스타인 무장단체 '하마스'가 이스라엘을 공격한 것인데요. 이 일로 이스라엘인 최소 1200명이 살해당하고, 민간인과 군인 등이 인질로 붙잡혔습니다. 이스라엘은 곧장 보복을 시작했습니다. 가자지구를 전면 봉쇄하고, 무차별 폭격을 이어 갔죠. 양측의 무력 충돌로 인한 사망자는 2023년 10월 11일 기준, 2000명을 넘어섰습니다.

이스라엘과 팔레스타인 하마스의 분쟁은 역사가 깊습니다. 1948년, 유대인은 팔레스타인 지역에 이스라엘을 건국합니다. 이 지역 전체 인구의 10퍼센트에 불과했던 유대인이 50퍼센트가 넘는 땅을 차지하자 팔레스타인 사람들은 삶의 터전을 잃죠. 결국 전쟁이 벌어졌고, 이는 이스라엘의 승리로 끝납니다. 이스라엘은 건국 이래 1973년까지 주변 국가들과의 전쟁에서 모두 승리하며 중동의 강대국으로 부상합니다.

이스라엘에 대한 반감과 독립에 대한 열망은 팔레스타인해방기구(PLO)를 중심으로 한 극단적인 무장 투쟁으로 이어집니다. 양측은 1993년 '오슬로 협약'을 맺으며 평화롭게 공존하는 방법을 고민했지만, 양측 강경 세력들은 공격을 멈추지 않습니다. 특히 2007년, 이스라엘 내 팔레스타인 자치 구역인 가자지구에 반이스라엘 무장단체 하마스가 집권하기 시작하면서 상황은 더욱 악화됩니다.

이번 분쟁은 2014년 7월, 가자지구 분쟁 이후 9년 만에 발발한 양측 간 전면전입니다. 전문가들은 "1973년 제4차 중동전쟁 이후 역대 최대 규모의 충돌"이라며 우려합니다.

＊ 국제/과학·환경부 송시야 기자 **worldwide@책폴.com**

하마스 vs. 이스라엘, 대립의 역사

강경파 아랍인들은 팔레스타인에서 유대인을 몰아내고 아랍인만의 국가를 만들겠다며 폭력 투쟁을 일삼습니다. 이번 사태를 일으킨 한 축인 하마스가 바로 그 세력이죠. 이들은 이슬람 수니파(이슬람교의 90퍼센트를 차지하는 주류 종파)의 원리주의를 내세우는 조직체입니다. 목표는 팔레스타인의 해방 및 이슬람 원리주의에 기반한 국가를 건설하는 것. 그렇기 때문에 이스라엘과 팔레스타인 자치 정부 사이의 평화 협상을 반대합니다.

반대로 강경파 유대인들은 이스라엘 안에서 아랍인을 모두 몰아내려 합니다. 즉, 양측의 강경파가 팔레스타인에서 서로를 물리치려 하기에 분쟁이 멈추지 않는 것이죠. 문제는 이 과정에서 양측의 무고한 민간인들이 위험에 처하게 됐다는 겁니다.

어린이 사망자 늘어… 무고한 피해 막아야

하마스 공격으로 인한 전쟁이 시작된 지 두 달 후 가자지구 당국은 팔레스타인인 사망자는 약 1만 3300명, 그중 어린이 사망자는 5600명이라고 밝혔습니다. 어린이 사망자가 유독 많은 이유는 가자지구 인구 절반가량이 18세 미만이기도 하고, 그만큼 무차별적 공격이 가해졌다는 의미이기도 해요. 하마스의 공격으로 이스라엘 어린이도 30명 이상 사망했습니다. 이번 분쟁에서 수많은 무고한 민간인이 죽게 되자 세계 곳곳에선 전쟁을 멈추라고 목소리를 높이고 있습니다.

다른 나라 간 대리전으로 번질까 걱정

이번 일이 다른 나라 간 대리전으로 이어지는 건 아니냐는 걱정도 나옵니다. 미국은 이스라엘과 친하지 않느냐, 미국과 사이가 안 좋은 이란은 팔레스타인을 돕고 있지 않느냐는 의심을 받고 있죠. 특히 미국과 독일은 전쟁 발발 이후 이스라엘에 무기를 지원하고 있어 비판에서 더욱 자유롭지 않습니다.

덕분에 만나는 시사 용어

• 세계의 화약고
중동 지역 관련 뉴스를 보다 보면 자주 만나게 되는 표현이 바로 '세계의 화약고'입니다. 화약고란, 분쟁이나 전쟁 따위가 일어날 위험이 많은 지역을 비유적으로 이르는 말인데요. 가자지구, 서안지구를 세계의 화약고라 부르는 건 이 지역에서 그만큼 살벌한 전쟁이 일어나기 때문이겠죠.

수리수리 논술이

Q1. '이스라엘-하마스'는 역사적으로 어떤 갈등을 겪었나요? 기사에서 찾아 간략히 정리해 보세요.

....

....

Q2. 기사를 다 읽은 후 여러분이 유엔 등 국제사회 일원이라고 생각하고, 이스라엘, 하마스 양측에 전쟁을 중단하라는 메시지가 담긴 짧은 메모를 남겨 보세요. 전쟁과 관련한 다른 온라인 기사를 참고해도 좋습니다.

....

....

Q3. 이스라엘-하마스 전쟁에 대한 여러분의 생각이 궁금합니다. 아래 두 친구처럼 자신의 생각을 써 보세요.

이스라엘-하마스, 잘못 없는 사람들이 죽어 가요…

	주장	주장에 대한 이유나 부연 설명
준형	○어떤 이유이건 전쟁은 안 됩니다.	○특히 이번 전쟁에선 아무 죄 없는 어린이와 시민들이 죽었잖아요. 그 사람들이 왜 죽어야 하나요? 어서 전쟁을 멈춰야 합니다.
미래	○이번 전쟁을 바라보는 다른 나라들의 태도도 문제가 있습니다.	○미국이나 독일의 경우 이스라엘에 무기를 보냈다고 하더라고요. 아무리 국가 이익이 달려 있더라도 전쟁을 부추겨선 안 됩니다. 사실상 전쟁에 간접적으로 참여하는 이런 나라들도 비판받아 마땅해요.

정치

국회의원
불체포특권

국회의원을
체포하지 않는 이유

이슈

총선 끝··· 국회의원 특권에 국민들 관심

'총선'이라고 부르기도 하죠. 드디어 국회의원 선거가 끝났습니다. 2024년 4월 10일 치러진 총선에서 당선된 제22대 국회의원의 임기가 4월 30일부터 시작됐습니다. 이들의 임기는 4월 30일부터 2028년 5월 29일까지 4년입니다.

22대 총선에선 국회의원 300명(지역구 254석, 비례대표 46석)이 뽑혔습니다. 투표자 2965만 4450명이 참여해 투표율은 67.0퍼센트였습니다.

이번 총선을 계기로 국회의원에게 주어지는 특권에 대한 국민들의 관심도 뜨겁습니다. 국민의 심부름꾼인 국회의 원에겐 200여 개의 많은 특권이 주어집니다. 이는 국가의 법을 만드는 '입법부', 대통령, 국무총리 등으로 이루어진 '행정부', 법에 따라 재판을 하는 '사법부' 등의 눈치를 보지 않고 독립적으로 일할 수 있게 하자는 뜻에서 주어지는 권리입니다.

그중 가장 대표적인 것이 현행범을 빼고는 죄를 지어도 회기 중에는 체포되지 않는 이른바 '불체포특권'입니다. 우리나라 <헌법> 44조는 '국회의원은 현행범인 경우를 제외하고는 회기 중 국회의 동의 없이 체포 또는 구금되지 않는다'고 규정하고 있습니다. 현행범이 아닌 의원을 체포하려면 국회 본회의에서 출석 의원 과반의 찬성표를 얻어야 합니다. 만약 회기가 아닐 때 수사기관에 체포됐더라도 국회가 요구할 경우 회기 중 석방될 수 있습니다.

＊ 정치/경제부 이진실 기자 honest@책폴.com

17세기 영국에서 시작된 '불체포특권'

불체포특권은 막강한 체포 권한을 가진 행정부가 국민의 대표인 의원을 함부로 탄압하지 못하게 할 목적으로 탄생한 제도로 영국에서부터 시작됐습니다. 17세기 영국의 제임스 1세가 자신을 비난하는 의원을 체포, 구금해 의회를 무산시키려고 하자 의회가 1603년 〈의회특권법〉을 제정해 의원을 임의로 체포, 구금할 수 없게 한 것이 그 시작이었죠. 대한민국에선 1948년 정부 수립 당시 제정된 제헌 헌법부터 국회의원 불체포특권이 존재했습니다.

행정부가 악용할 수도 vs. 권리 아닌 특혜 되기도

불체포특권 대한 사회적 관심도 뜨겁습니다. 유지할 것인지에 대해서는 찬반 입장이 갈리고 있죠. 유지해야 한다는 입장에선 "민주주의에 필요한 제도"라고 강조합니다. 이런 제도가 없으면 행정부 등에서 자신들을 견제하는 국회의원의 활동을 탄압하려고 권력을 휘두를 수 있기 때문이죠.

폐지해야 한다는 입장에선 "민주화 이후 수십 년이 지나면서 이 제도가 권리가 아닌 특혜가 되고 있다"고 비판합니다. 실제로 국회의원 비리 사건이 터졌을 때 국회가 국회의원의 체포동의안을 부결(의논한 안건을 받아들이지 아니하기로 결정)하는 일이 빈번하게 일어나기도 했습니다.

일본, 개인 방어용 국회는 열리지 않아

유럽에선 국회의원 체포뿐 아니라 압수수색과 기소를 할 때도 국회 동의를 받아야만 하는 경우가 많습니다. 독일, 덴마크, 벨기에, 불가리아, 스페인 등이 그렇죠.

일본은 우리나라와 가장 비슷한 불체포특권 규정이 있는 나라입니다. 다만, 개인의 잘못을 방어하려는 목적으로 임시 국회를 여는 경우는 거의 없다는 게 전문가들의 설명입니다.

덕분에 만나는 시사 용어

● 면책특권
신문에서 국회의원에게 주어지는 '불체포특권'과 함께 늘 나오는 표현이 있어요. 바로 '면책특권'이죠. 우리 〈헌법〉 제45조에서는 "국회의원은 국회에서 직무상 행한 발언과 표결에 관하여 국회 외에서 책임을 지지 아니한다"라고 면책특권을 부여하고 있는데요. 면책특권 역시 국회의원이 전체 국민의 대표자로서 어떤 권력에도 위축되거나 탄압받지 않고 자유롭게 자신의 일을 수행할 수 있도록 하는 것을 목적으로 하고 있습니다.

 수리수리 논술이

Q1. 각각 '입법부', '행정부', '사법부'는 무슨 일을 하나요? 기사를 읽고 간략히 정리해 보세요.

....

....

Q2. '국회의원 불체포특권'이 나오게 된 배경은 무엇일까요? 기사에서 찾아 간략히 정리해 보세요.

....

....

Q3. 국회의원 불체포특권에 대해 여러분은 어떻게 생각하세요? 과연 필요한 제도일까요? 필요하지 않은 제도일까요? 아래 두 친구처럼 자신의 생각을 써 보세요.

국회의원 불체포특권, 어떻게 생각해요?

	주장	주장에 대한 이유나 부연 설명
진화	○저는 유지해야 한다고 생각해요!	○국회의원이 국민을 대표하기 위해서는 좀 더 자유롭게 자기 업무를 하고, 발언도 당당하게 해야 하잖아요. 그런데 이런 특권이 없으면 대통령이나 판사가 권력을 마음대로 휘두를 수도 있을 거 같아요.
소이	○저는 없어져야 한다고 봐요!	○모든 국회의원이 다 그런 건 아니지만 범죄를 저질러도 이 제도가 있어서 벌을 받지 않는 국회의원도 있잖아요. 국회가 그런 국회의원의 체포에 동의하지 않는 일도 일어날 수 있고요. 이러다 보면 국회의원들이 잘못을 하고도 아무 벌도 안 받고, 잘못을 뉘우치지도 않을 거 같아요.

경제·사회

로봇의
등장과 일자리

로봇이 빼앗은
내 일자리

이슈
고객 대면 업종 종사자 10년째 감소세

요즘 웬만한 매장에 가면 키오스크를 쉽게 볼 수 있죠. 이렇게 키오스크 같은 무인 주문기를 도입하는 매장이 늘면서 판매직 일자리가 더 줄어들 것이란 전망이 나오고 있습니다. 2024년 4월 23일 통계청과 유통업계에 따르면, 2023년 국내 취업자 중 판매 종사자는 262만 1000명. 2013년과 비교하면 45만 3000명 감소한 수치입니다. 판매 종사자는 주로 고객과 직접 대면으로 영업하는 직종을 뜻합니다.

약 10년 사이 판매 종사자가 줄어든 이유로 키오스크와 서빙 로봇 등의 등장을 들 수 있습니다. 스마트 기술이 확산되며 기계가 인력을 대체하게 된 것이죠. 자영업자들은 "기계 대여 등으로 발생하는 비용이 인건비보다 저렴하다"고 말합니다.

한국신용데이터(KCD)가 2023년 발표한 <한국신용데이터 소상공인 동향 리포트>에 따르면, 올해 고용 계획을 '축소한다'는 소상공인은 65퍼센트를 차지했습니다. 아르바이트생 대신 키오스크와 서빙 로봇으로 자동화하거나, 셀프바 또는 무인 운영으로 대체하겠다는 입장이 많습니다. 최근 키오스크를 도입했다는 한 자영업자는 "인건비를 줄이려는 이유도 있지만 키오스크를 도입한 이후 손님이 몰리는 특정 시간대에 더 많은 주문을 동시에 받을 수 있게 됐다"며 "여러모로 키오스크 선택이 낫다"고 말했습니다.

＊ 정치/경제부 이진실 기자 honest@책폴.com
사회/교육부 눈밝음 기자 brighteyes@책폴.com

'무인 단말기'로 통하는 '키오스크'

'키오스크'는 본래 옥외에 설치된 대형 천막이나 현관을 뜻하는 튀르키예어에서 유래한 말로, '판매대', '소형 매점'을 의미합니다. 정보통신 분야에서는 공공장소에 설치한 무인 단말기를 가리키는 말로 쓰이고 있죠. 키오스크는 일반적으로 손을 화면에 접촉하는 터치스크린 방식으로 이루어져 있습니다. 사람들은 이 기기를 통해 구매 · 발권 · 등록 등을 할 수 있습니다.

인건비 줄여 줘 vs. 일자리 사라져

판매직 일자리에 등장한 키오스크는 자영업자 입장에서 장점이 꽤 많습니다. 자영업자들은 "키오스크를 이용하면 불필요한 인건비를 아낄 수 있고, 24시간 가동할 경우 고객들의 만족도를 높일 수 있다"며 반기고 있죠. 이 기기는 매출을 정확하게 관리하고, 데이터를 활용해 마케팅 계획을 세우는 데도 유용합니다.

　노동자 입장에선 일자리가 부족해진다는 문제가 있습니다. 실제로 대형 마트, 극장 등에 가면 계산원이 있었던 자리에 키오스크가 놓인 장면을 쉽게 볼 수 있죠. 이에 따라 "로봇으로 인해 일자리를 잃은 실직자가 기본 생활을 할 수 있도록 사회 안전망을 구축해야 한다"는 목소리도 힘을 얻고 있습니다.

노인·장애인에게 불편한 서비스

디지털 기술에 익숙하지 않은 사람에게 키오스크는 오히려 불편한 서비스일 수도 있습니다. 노인 세대 중에는 키오스크 사용법을 몰라 주문을 아예 포기해 버리는 경우도 많다는 뉴스가 많이 나옵니다. 이들 세대를 대상으로 관련 교육이 필요한 상황이죠.

한편, 현재 대다수 키오스크는 어른 눈높이에 맞춰져 있어 어린이나 휠체어 탄 사람이 쓰기에 불편함도 적지 않습니다. 장애인을 위한 점자나 음성 안내 기능이 없는 키오스크도 있습니다. "키오스크 대중화에 앞서 풀어야 할 과제들이 많다"는 말이 나오는 이유입니다.

덕분에 만나는 시사 용어

•최저임금

자영업자 중에는 "최저임금이 올라갈 때마다 매장에 키오스크를 설치해야 하나 고민하게 된다"고 말하는 이들도 많아요. 여기서 '최저임금'이란? 한 국가가 낮은 임금의 노동자를 보호하기 위해 정한 임금 최저액을 뜻해요. 노동부장관은 다음 연도 최저임금을 최저임금위원회의 심의를 거쳐 매년 8월 5일까지 결정, 고시해야 하죠. 고시된 최저임금은 다음 연도 1월 1일부터 12월 31일까지 효력이 발생합니다. 그렇다면 2025년 최저임금은? 시간당 1만30원이랍니다.

수리수리 논술이

Q1. 판매직 일자리가 왜 줄고 있을까요? 기사를 읽고 간략히 정리해 보세요.

....

....

Q2. 키오스크의 장·단점은 무엇일까요? 기사에서 찾아 간략히 정리해 보세요.
다른 온라인 기사를 참고해도 좋습니다.

....

....

Q3. 키오스크가 등장해 사람의 일자리를 빼앗게 된 현상에 대한 여러분의 생각
이 궁금합니다. 아래 두 친구처럼 자신의 생각을 써 보세요.

그 카페에 키오스크 설치했더라…

	주장	주장에 대한 이유나 부연 설명
라엘	○빠르고 편한 시스템! 대환영!	○웰컴! 웰컴! 완전 환영! 대박 환영! 아르바이트생이 계산하는 것보다 키오스크가 더 빠르고 편하거든요. 오래 기다리지 않아서 좋아요!
윤슬	○저는 조금 반대하는 입장이에요.	○왜 '조금'이냐면요. 저는 편리하긴 한데 저희 할머니는 이런 기계 앞에 서면 울렁증이 생긴다고 하세요. 노인 중에는 그런 분들 많다고 들었어요. 그래서 키오스크가 한 대 있으면 계산을 해 주시는 판매원도 한 분 정도 있었으면 좋겠어요.

환경
그린워싱

무늬만 친환경, 가면을 벗어요!

이슈

가짜 친환경, '위장 홍보'에 속지 마세요

우리 사회가 기후변화에 대처해야 한다는 목소리가 커지는 가운데 일부 기업들 사이에서 겉으로만 친환경 제품·서비스를 강조하는 사례가 늘고 있습니다.

지난 2024년 4월 17일 환경부에 따르면 부당 환경성 표시·광고 적발 기업이 2020년 45개사에서 2023년 2676개사로 4년 만에 60배 가까이 늘었습니다. 겉으로는 환경을 생각한 것처럼 홍보하지만 사실상 친환경과는 거리가 있는 제품을 판매하는 사례가 많아졌단 이야기죠.

무늬만 친환경인 기업 사례는 생각보다 많습니다. 한 커피 업체는 소비자들에게 '리유저블 컵' 사용을 유도해 왔습니다. 리유저블 컵이란, 재질이 특수해 반영구적으로 사용할 수 있는 컵이죠. 환경 단체들은 "리유저블 컵 재질은 대부분 폴리프로필렌(PP)으로 된 일반 플라스틱"이라며 "오히려 자원을 낭비하고 새로운 플라스틱 쓰레기를 낳고 있다"고 비판했습니다. 한 음료 회사는 2023년 6월 플라스틱 병 라벨에 멸종 위기에 처한 해양 동물 그림을 넣어 자사 생수 브랜드를 홍보했습니다. 이는 소비자에게 '이 생수를' 사서 마시면 해양 동물을 보호할 수 있다는 오해를 살 수 있어 논란이 됐습니다.

국제 환경 단체 그린피스 측은 "이런 현상은 생활 소비재에 국한되지 않고 금융·건설·철강에 이르기까지 다양한 산업군에서 발견되며 단순 환경 친화적인 단어를 사용하는 수준을 넘어 훨씬 더 복잡한 방식으로 진화하고 있다"고 말했습니다.

＊ 사회/교육부 눈밝음 기자 brighteyes@책풀.com
정치/경제부 이진실 기자 honest@책풀.com

친환경인 척, '그린워싱'을 아시나요?

기업이 환경에 악영향을 끼치는 제품을 생산하면서도 광고 등을 통해선 친환경적인 이미지를 내세우는 걸 뜻하는 말이 있습니다. 바로 '그린워싱(greenwashing)'입니다. 환경에 관한 대중의 관심이 늘고, 친환경 제품 선호가 높아지면서 생겨난 현상이죠. 이를 두고 '위장 환경주의', '친환경 위장술'이라 부르기도 합니다. 제품 생산 전 과정에서 발생하는 환경 오염 문제는 축소시키면서 재활용 등 일부 과정은 강조하여 마치 친환경인 것처럼 포장하기 때문이죠. 그린워싱과 비슷한 의미로 친환경 관련 기업들의 가치가 과도하게 부풀려지는 것을 뜻하는 '그린 버블(green bubble)', 즉 '녹색 거품'이라는 말도 있습니다.

포장된 거짓 정보, 영향 큽니다

2020년 환경부가 기업 광고를 그린워싱으로 지적한 사례는 110건에서 2021년 두 배 이상인 272건으로 증가했고, 2022년에는 그보다 16.7배가 더 증가한 4558건으로 크게 늘었습니다. 이렇게 기업들의 그린워싱 사례가 늘어나는 데 대해 "속임수네" 정도의 반응으로 그쳐선 안 된다는 의견도 나옵니다. 이는 소비자에게 잘못된 정보를 전달하는 일이기 때문에 크게 비판받아야 한다는 겁니다. 또한 "이런 거짓 광고가 다른 기업들에도 피해를 줄 수 있고, 결과적으로 지구 환경에 나쁜 영향을 끼칠 수 있다"고 지적하는 이들도 있습니다.

정부 차원의 강력한 처벌 없나요?

그린워싱 사례가 늘어나는 때 정부 차원의 강력한 제재나 처벌은 없는
지도 궁금해집니다. 현재 국내 법규상 과대 포장 및 허위 광고에 대한 처
벌 규정은 있지만 구체적인 규제 범위나 조항이 없는 상황입니다. 그래
서 사람들 사이에선 "기업들이 꼼수를 부리지 않도록 할 만한 매우 현실
적인 규정이 필요하다"는 주장이 나옵니다.

덕분에 만나는 시사 용어

● ESG 경영

'기업들, 그린 워싱 말고 ESG 경영해야' 그린워싱과 관련해 늘 따라 나오는 말이 바로
'ESG 경영'입니다. ESG 경영이란, 친환경(environment), 사회적 기여(social), 투명한 지
배구조(governance)의 줄임말입니다. 기업이 환경을 보호하고 사회적 책임을 다하며 투
명한 경영을 통해 성장하도록 하는 경영 방식을 뜻하는 말이죠. 그린워싱은 이 중에서도
'친환경'과 관련이 있겠죠?

수리수리 논술이

Q1. '그린워싱'이란 무엇인가요? 기사를 읽고, 간략히 정리해 보세요.

....

....

Q2. 그린워싱 사례로는 어떤 것들이 있을까요? 기사를 읽고, 관련 내용을 정리해 보세요. 기사에 언급된 내용에 더해 인터넷에서 다른 사례들도 더 찾아보세요.

....

....

Q3. 그린워싱 관련 뉴스를 보며 여러분은 어떤 생각을 했나요? 아래 두 친구처럼 자신의 생각을 써 보세요.

그린워싱, 어떻게 바라보세요?

	주장	주장에 대한 이유나 부연 설명
지연	○반드시 처벌해야죠!	○그린워싱이라는 말이 있다는 것을 기사를 통해 처음 알게 됐어요. 자신들이 친환경적인 척 홍보하는 기업들은 반드시 처벌을 받아야 한다고 생각해요. 겉으로는 아닌 척하면서 속으로는 나쁜 짓을 하는 거니까요.
수혁	○명단 공개하고, 벌금 물려야죠!	○정부가 그린워싱을 하는 기업들 명단을 주기적으로 공개하고, 벌금을 세게 물려야 해요. 이것도 일종의 거짓말이잖아요. 소비자를 대상으로 거짓말을 하는 건 나쁜 짓 아닌가요? 벌을 받아야죠.

TOPIC 24

문화

국가유산 낙서

낙서한 자, 벌금 1억!

이슈

"복구 비용만 1억" 경복궁 낙서 테러범, 돈 물어낸다

우리나라의 대표 궁궐 경복궁이 '낙서 테러'로 크게 훼손됐습니다. 2023년 12월 16일, 서울 경복궁 서쪽 담벼락에서 약 6미터 길이의 낙서가 발견된 것인데요. 누군가 스프레이로 '영화 공짜' 등의 문구와 특정 사이트 주소를 남겼어요. 국립고궁박물관, 서울경찰청 청사 담벼락에서도 같은 이가 한 것으로 보이는 낙서가 발견됐죠.

그런데 다음 날인 17일, 2차 낙서가 또 발견됐습니다. 이번엔 영문·한글이 섞인 3미터 길이의 낙서로, 특정 가수와 앨범 이름이 적혀 있었죠.

두 번째 사건의 용의자는 범행 하루 만인 18일 경찰서를 찾아 자수했습니다. 범행 이유를 묻자 그는 "관심받고 싶었다"고 진술한 것으로 알려졌죠. 한편, 경찰은 CCTV 영상과 택시 승·하차 기록을 토대로 추적한 끝에 사흘 만에 첫 번째 사건의 용의자인 10대 두 명을 붙잡았어요. 두 용의자는 "불법 영상 공유 사이트와 관련한 낙서를 쓰면 돈을 주겠다"는 제안을 받고 범행을 저지른 것으로 알려졌죠.

경복궁 담벼락은 전문가가 투입되어 복원 작업을 시작했습니다. 국가유산청 측은 언론을 통해 "전문가 인건비 등을 포함한 전체 (복구) 비용은 최소 1억 원 이상으로 추산되며, 감정 평가 전문 기관에 의뢰해 구체적인 금액을 산출한 뒤 손해배상을 청구할 예정"이라고 밝혔습니다.

＊ 문화/스포츠/연예부 안테나 기자 antenna@책풀.com

국가유산 훼손하면 징역 또는 벌금

경복궁 낙서범처럼 국가유산을 훼손한 사람은 〈문화재보호법〉 제99조에 따라 5년 이하의 징역 또는 5000만 원 이하 벌금형을 받습니다. 또한 국가유산청장 또는 지방자치단체장은 훼손한 사람에게 원상 복구를 명할 수 있죠. 만약 행위자가 원상 복구 조치를 제대로 수행하지 않을 경우 국가 또는 지방자치단체가 먼저 복구한 후 대통령령에 따라 훼손한 사람에게 비용을 청구할 수도 있습니다.

'범죄행위'임을 왜 모를까요?

국가유산은 역사적, 문화적 가치가 높아 보호해야 할 문화유산·자연유산·무형유산을 뜻합니다. 국가유산에는 우리 조상의 발자취, 즉 역사가 담겨 있죠. 경복궁 낙서 테러 사건 등을 통해 우리나라 사람들이 국가유산을 얼마나 소홀히 여기는지 알 수 있었다는 이들도 있었어요. 여전히 많은 사람이 국가유산을 단순히 '옛날 건축물'로 인식하고, 그 가치를 모르고 있음을 보여 주는 사건이란 의미겠죠. '장난으로 낙서 좀 한 것 같고….' 이렇게 가볍게 여길 일은 아닙니다. 국가유산에 낙서하는 건 엄연히 '범죄행위'입니다.

한편, 이 사건으로 국가유산에 대한 체계적인 관리가 부족하다는 지적도 나왔습니다. 전문가들은 야간 경비나 CCTV 설치 등 보안 강화가 필요하다고 강조했죠.

해외에서도 일어나는 낙서 사건

안타깝게도 이런 일은 과거에도 일어난 바 있어요. 2017년에는 한 남성이 울산광역시에 있는 국가유산인 '언양읍성' 성벽에 스프레이로 낙서를 해 〈문화재보호법〉 위반 혐의로 징역 2년을 선고받았어요. 2022년에는 10대들이 경기도 여주 '영월루'에 스프레이로 낙서를 했죠. 외국에서도 엇비슷한 일이 일어나요. 2023년에는 로마의 대표적 유적 콜로세움에서 관광객이 자신의 이름을 새기는 사건이 발생했어요.

덕분에 만나는 시사 용어

● 국가유산
경복궁과 같은 궁궐을 두고 '국가유산'이라고 하죠. 국가유산은 유형과 무형으로 각각 나눠요. 유형 국가유산은 건축물, 책, 그림, 글씨, 공예품처럼 형태가 있는 것을 말하고요. 무형 국가유산은 연극, 음악, 무용 등과 같이 형태가 없는 것을 말하죠. 대표적으로 판소리, 봉산탈춤 등이 있어요. 때론 사람이 국가유산이 되기도 해요. 우리나라에서는 전통 음악이나 전통 공예품을 잘 만드는 사람 등 문화적 기능을 가진 사람을 인간 국가유산으로 지정하고 있어요. 그렇다면 경복궁은 어떤 국가유산에 속할까요?

수리수리 논술이

Q1. '경복궁 낙서 테러'는 어떤 사건을 말하나요? 기사를 읽고 간략히 정리해 보세요.

Q2. 국가유산에 낙서를 하는 행위가 '범죄'인 이유는 무엇일까요? 기사를 읽어보고 간략히 정리해 보세요. 다른 온라인 기사를 참고해도 좋습니다.

....

....

Q3. '국가유산 훼손'에 대한 여러분의 생각이 궁금합니다. 아래 두 친구처럼 자신의 생각을 써 보세요.

누가 또 궁궐을 훼손했다며?

	주장	주장에 대한 이유나 부연 설명
승현	○더욱더 강한 처벌이 필요해요!	○법을 바꿔서라도 더 강하게 처벌해야 합니다. 이건 그냥 동네 담벼락에 낙서하는 게 아니잖아요. 국가유산은 우리나라의 소중한 재산이에요. 우리 모두의 소중한 재산에 피해를 줬으니까 큰 벌을 내려야 해요.
진주	○관리와 보호도 철저히 해야 합니다!	○국가유산을 훼손한 사람도 당연히 벌을 받아야 하고, 국가유산이 훼손되도록 관리를 소홀히 한 이들에게도 책임을 물어야 합니다. 범죄는 언제 어디서든 일어날 수 있잖아요. 평소 국가유산 관리와 보호를 철저히 했다면 예방했을 수도 있어요.

사회·정치

외국인
가사관리사

가사 노동도
해외에 맡기자!

이슈

필리핀 가사관리사 100명 입국… 교육 후 배치

2024년 8월 6일 오전 인천국제공항이 파란색 단체복을 입은 여성들로 북적였습니다. 필리핀 가사관리사 100명이 입국한 것입니다. 이들은 고용노동부와 서울시의 '외국인 가사관리사 시범 사업'에 참여할 관리사들이었는데요. 정부가 주도하는 4주간의 특화 교육(총 160시간)을 받은 뒤 9월부터 6개월간 서울시 가정에서 아동 돌봄과 가사 노동 서비스를 전담하게 됩니다.

서울시와 정부는 고령화 등으로 내국인 가사근로자가 줄어들고 비용도 비싸 육아 부담이 커지는 상황에서 외국인 가사관리사를 도입하는 방안을 추진해 왔습니다. 시범 사업 참여 외국인이 국내에 들어온 건 이번이 처음이죠. 서비스 이용 대상은 서울에 거주하는 가구 가운데 12세 이하 자녀가 있거나  출산 예정인 가구로, 소득 기준에 상관없이 신청할 수 있습니다.

현재 국내에 들어온 외국인 가사관리사의 월급은 8시간 전일제 기준 238만 원으로, 서비스 수요가 높은 30대 가구의 지난해 중위소득(509만 원)의 46.7퍼센트에 해당합니다. 이번 시범 사업은 경쟁률이 5대 1에 이를 만큼 많은 주목을 받았는데요. 선정 결과 지역별로는 동남권(서초·강남·송파·강동)이 59가정(37.6퍼센트)으로 가장 많았습니다. 특히 강남 22가정, 서초 16가정, 송파 15가정으로 '강남 3구'에서 전체 선정 가정의 33.8퍼센트가 나왔습니다.

＊사회/교육부 눈밝음 기자 brighteyes@책폴.com
정치/경제부 이진실 기자 honest@책폴.com

돌봄 비용 부담 이유로 아이 안 낳는 이들 많아

외국인 가사관리사 도입이 이슈로 떠오른 건 2022년 9월 오세훈 서울시장이 국무회의에서 이를 제안하면서부터입니다. 내국인 돌봄 인력이 줄고, 고령화가 빨라지는 상황에서 돌봄 비용에 대한 부담으로 원치 않게 경력이 단절되거나 아이 낳는 것을 포기하는 양육자를 위해 나오게 된 대책이죠. 실제 기혼 여성(15~54세) 6명 중 1명은 경력 단절 여성(17.0퍼센트)이며, 경력 단절 사유 중 절반가량(42.0퍼센트)이 '육아'를 꼽았다고 합니다.

부모에게 돌봄 여유 주는 것이 더 중요

필리핀 가사관리사 도입을 반기는 쪽에서는 상대적으로 값싼 외국인 인력을 통해 저출생의 원인으로 지목되는 육아와 돌봄 부담을 어느 정도 해소할 것으로 기대합니다.

반면 외국인 가사관리사 도입이 저출생 문제의 근본 해결책이 아니라고 보는 의견도 있어요. 육아휴직, 근무시간 단축, 유연 근무제 등으로 부모가 직접 아이를 돌볼 여유를 마련해 주는 방안이 더 낫다는 게 주된 이유입니다. 한편, 여성이 돌봄 노동을 떠안는 등의 성차별적인 구조를 해결하는 것이 더 근본적인 해결책이란 지적도 나옵니다.

가사관리사 임금 어떻게 감당하라고!

한국의 최저임금을 적용했을 때 가사관리사 임금을 감당할 수 있는 이들이 몇이냐 되겠느냐는 비판도 나옵니다. 실제 서울시 시범 사업에 선정된 10가정 중 3가정은 상대적으로 경제적 형편이 좋은 이들이 사는 '강남 3구'였습니다. 외국인 가사관리사 도입으로 저출생 문제가 해결되는지를 보려면, 우리보다 앞서 이 제도를 채택한 싱가포르와 홍콩의 합계 출산율도 참고할 필요가 있을 텐데요. 이 나라들은 같은 제도를 도입했음에도 OECD 합계 출산율 지표에서 우리나라와 함께 아래에서 1·2·3위를 앞다투고 있습니다.

덕분에 만나는 시사 용어

● **합계 출산율**

'합계 출산율 또 떨어져…'

저출생 문제와 관련하여 이런 제목의 뉴스를 본 적이 있을 겁니다. '합계 출산율'이란, 한 국가나 사회의 출생률을 나타내는 지표의 한 종류로, 일반적으로 한 여성이 가임 기간(15~49세)에 낳을 것으로 기대되는 평균 출생아 수를 뜻해요. 합계 출산율이 높을수록 그 사회의 인구수는 증가하게 되고, 반대로 낮으면 인구수가 감소할 수 있습니다. 일반적으로 한 국가나 사회가 현재의 인구 규모를 유지할 수 있는 합계 출산율은 약 2.1명으로 보고 있어요.

수리수리 논술이

Q1. '필리핀 가사관리사'는 어떤 일을 하는 사람들인가요? 기사를 읽고, 간략히 정리해 보세요.

....

....

Q2. '필리핀 가사관리사 제도'가 나오게 된 배경은 무엇인가요? 기사를 읽고, 관련 내용을 정리해 보세요. 기사에 언급된 내용에 더해 인터넷에서 다른 사례들도 더 찾아보세요.

....

....

Q3. '필리핀 가사관리사' 관련 뉴스를 보며 여러분은 어떤 생각을 했나요? 아래 두 친구처럼 자신의 생각을 써 보세요.

필리핀 가사관리사에게 돌봄을 부탁한다고?

	주장	주장에 대한 이유나 부연 설명
정현	○필리핀 가사관리사 제도에 반대합니다!	○필리핀 가사관리사의 월급이 적지 않던데요. 이 돈을 감당할 가정이 얼마나 될까요? 그리고 아이들이 자랄 때 우리말을 익혀야 할 텐데 필리핀 가사관리사가 돌볼 경우 우리말 공부는 어떻게 해요?
소민	○구하기 어렵다면 해외 인력을 활용하는 것도 대안이죠!	○무조건 반대해선 안 된다고 생각해요! 아이 돌봄 때문에 중간에 직장을 그만두는 이들이 많다고 들었어요. 한국인 가사관리사를 구하기 어렵다는 얘기도 들었고요. 당장에 다른 대안이 없다면 이런 제도라도 만들어야죠.

사회

전세 사기

내 보증금 내놔!

이슈

인천 시작으로 청년층 대상 전세 사기 기승

30대 초반 직장인 김 아무개 씨는 최근 전세 사기 피해를 입었습니다. 김 씨는 몇 달 전, 보증금 2억 3000만 원의 신축 빌라에 입주했는데요. 김 씨가 갖고 있었던 8000만 원에 부모님이 빌려주신 2000만 원 이렇게 1억 원. 모자란 1억 3000만 원에 대해 고민하자 부동산과 집주인 측에서는 "청년 대상 대출을 알아보면 된다"며 적극 권유했죠. 그런데 입주 몇 달 후 이 빌라의 가격이 1억 8000만 원이었다는 걸 알았습니다. 보증금보다 집값이 더 낮았던 것이죠. 더 알아보니 집주인은 김 씨처럼 청년들에게 집값보다 높은 보증금을 받아 수천 채 빌라를 사들인 사기단이었습니다.

김 씨처럼 전세 사기를 당하는 이들이 늘고 있습니다. 2022년 인천을 시작으로 마치 도미노 현상처럼 다른 지역으로 퍼지고 있죠. 국토교통부에 따르면 2023년 12월 15일 기준, 지난달까지 지방자치단체에 접수된 전세 사기 피해(1만 3433건)의 67퍼센트가 수도권에서 발생했고, 부산(12.6퍼센트)과 대전(8.3퍼센트)에서도 다수 피해가 잇따랐습니다. 피해자 10명 중 7명은 10~30대 청년층이었습니다.

전세 사기에 청년층 피해자가 많은 데는 이유가 있습니다. 은행이나 정부가 마련한 '청년 전세 대출' 등을 받기 좋은 입장이기 때문이었죠. 사기단은 청년들에게 대출받는 구체적인 방법까지 안내하는 등 조직적으로 사기를 쳤습니다. 이들을 '빌라 왕'이라 부르기도 하죠.

전세 사기가 문제가 커지자 정부는 2023년 6월 1일부터 〈전세 사기 특별법〉을 시행하고 있습니다.

＊사회/교육부 눈밝음 기자 brighteyes@책폴.com

보증금 내고 주택 빌려

'전세'는 보증금을 맡기고 일정 기간 다른 이의 집을 빌린 후 계약 기간이 끝나면 보증금을 돌려받는 계약을 뜻해요. 매달 세를 내지 않아도 되기 때문에 '임차인(집을 빌리는 사람)'에겐 돈을 모을 수 있는 하나의 방법이었죠. 또한 집주인, 즉 '임대인' 입장에선 목돈의 보증금이 들어오기 때문에 은행에서 이자를 내고 돈을 빌리지 않아도 되는 수단이었어요. 한데 집값이 떨어져서 보증금보다 낮아지면 문제가 발생하죠. 최근 전세 사기는 실제 건물 가격보다 높은 가격으로 전세를 놓는 방식으로 이루어졌어요.

6개 요건을 충족해야 '피해자'가 된다고요?

정부가 특별법을 마련하긴 했지만 피해자들의 반응은 대체로 차가워요. '전세 사기 피해자'로 인정받으려면 '서민 임차 주택이어야 한다', '피해자가 다수여야 한다' 등 정부가 제시한 6개의 요건 '모두'를 충족해야 하거든요. "기준이 너무 엄격하다"는 비판이 나오죠. 내용 중 "전세 사기 의도가 있다고 판단될 경우"라는 표현도 모호하다는 의견이 있어요.

한쪽에선 "주택 분야 말고 다른 분야에서도 사기를 당하는 이들이 많은데 이 문제만 굳이 특별법까지 만들어 피해자 지원을 해야 하느냐"는 시각도 있어요. 전세 사기가 개인의 불운으로 일어난 일인지, 사회구조적 문제인지 보는 관점이 다 다른 상황이죠.

우리나라에만 있는 '전세'라는 이름

전세는 해외에는 없는 우리나라만의 고유한 주택 계약 형태입니다. 조선 말기 농촌인구가 도시로 몰리면서 살 만한 주택이 부족해졌고, 이후 한국전쟁과 70년대 산업화 과정을 겪으며 도시 주택난은 심각해졌는데 이 과정에서 자리 잡은 제도였어요. 일본에선 임차인이 피해 볼 상황을 고려해 임차인에게 보증보험에 가입하게 하고, 보증금을 많이 안 내게 하는 제도를 마련하고 있어요.

덕분에 만나는 시사 용어

● 깡통 전세

전세 사기 관련 뉴스에서 많이 볼 수 있는 표현이 바로 '깡통 전세'죠. 깡통 전세는 전세 보증금이 주택의 실제 가치를 초과한 상태를 뜻하는 말이에요. 쉽게 말해 집값이 보증금보다 낮을 때를 말하죠. 껍데기만 있고, 내용물은 속 빈 깡통과 같다 해서 깡통 전세라는 이름이 붙었어요. "애초 계약할 때 잘 확인하면 되지 않나요?" 이렇게 묻는 이들도 있을 텐데요. 처음 계약할 때 아무 문제가 없었더라도, 집주인이 집을 담보로 은행에서 무리하게 돈을 빌리거나 오랜 시간 동안 세금을 안 내는 등 다양한 이유로 전세 보증금을 돌려받기 어려운 상황이 발생할 수 있어요. 어렵게 번 돈을 차곡차곡 모아 보증금으로 낸 청년들 입장에서 깡통 전세를 만난다면 정말 속상할 수 있겠죠.

수리수리 논술이

Q1. '전세'란 무엇을 뜻하는 말인가요? 기사에서 찾아 간략히 정리해 보세요.

....

....

Q2. '전세 사기'는 어떤 과정으로 일어나게 된 걸까요? 기사에서 찾아 간략히 정리해 보세요. 다른 온라인 기사를 참고해도 좋습니다.

....

....

Q3. '전세 사기'에 대한 여러분의 생각이 궁금합니다. 아래 두 친구처럼 자신의 생각을 써 보세요.

전세 사기로 돈을 잃은 사람들이 늘어나요!

	주장	주장에 대한 이유나 부연 설명
지윤	○전세 사기에 대한 처벌이 크게 강화되어야 한다고 생각해요.	○사기를 당한 사람들이 멍청해서 이런 일을 겪은 게 아니잖아요. 뉴스를 보면 부동산까지 굉장히 조직적으로 사기를 친 건데 이런 일을 개인의 문제로 바라봐선 안 되지 않을까요?
요한	○세입자도 전세 말고 월세로 집을 구하는 게 맞다고 생각해요.	○전세 사기에 당했을 때 보상을 제대로 받을 수 있을지 없을지도 모르는데 전세 계약을 한다는 건 바보 같은 짓인 거 같아요. 매월 일정액을 내는 월세로 계약하는 게 안전한 방법이죠.

기사 똑똑하게 읽는 법

Q. 정치 기사인데 연예인 사진이 달렸다고요?

온라인에는 수많은 기사가 올라와요. 우리는 보통 사진 또는 제목을 보고 기사를 선택하곤 하죠. 그런데 요즘 클릭을 유도하기 위해 기사 내용과는 관계없는 사진을 붙이는 경우도 많답니다. 정치나 사회 분야 기사인데 기사 내용과는 상관 없는 연예인 사진을 붙였다? 그렇다면 의심을 해 볼 필요가 있어요.

Q. 매체 이름, 기자 이름 그리고 이메일 등이 없다고요?

요즘 온라인에 올라오는 기사들을 보면 매체 이름과 기자 이름이 없는 경우도 많아요. 이를 두고 "출처가 불분명하다"라고 할 수 있겠죠. 어디서, 누가 썼는지 모르는 기사 내용을 곧이곧대로 믿어서는 안 되겠죠? 기사 끝에 매체 이름 그리고 기자 이름, 매체 이메일 등이 있는지를 반드시 확인해 보세요.

CHAPTER

3

문화

과학

사회

국제

경제

정치

스포츠

문화·사회

퇴근 후 연락

퇴근하면 전화하지 마세요!

직장인 60퍼센트 "퇴근 후 업무 연락 시달려"

직장인 10명 중 6명은 퇴근 이후에도 업무 관련 연락을 받고 있다고 합니다. 스마트폰과 인터넷 발달로 생활이 편리해졌지만, 한편으론 일과 휴식 사이의 경계가 모호해진 현실을 보여 줍니다.

2023년 6월 4일 시민단체 '직장갑질119'가 여론조사 전문기관에 의뢰해 지난 3월 직장인 1000명에게 설문 조사를 실시한 결과 응답자의 60.5퍼센트가 "퇴근 후 업무 연락을 받는다"고 답했습니다. 특히 "이런 연락을 매우 자주 받는다"는 비율은 14.5퍼센트나 됐습니다. 퇴근 후 업무 연락을 받는다는 응답은 '임시직' 등 고용이 불안한 직업군에서 더 크게 나타났습니다. 임시직이 69.2퍼센트, 프리랜서와 특수고용직이 66.3퍼센트로 답했습니다. 박성우 '직장갑질119' 노무사는 "일과 휴식의 경계가 허물어지고 있지만 제도적 규제는 없다"고 말합니다.

노동계에서는 우리나라도 <근로기준법>에 근로시간 외 노동자에게 연락 금지, 어쩔 수 없이 연락해야 할 때는 이에 따른 보상 지급 등을 법으로 만들어야 한다는 주장이 나옵니다. 참고로 우리나라 사람들은 경제협력개발기구(OECD)에서 네 번째(연간 1915시간, 2021년 기준)로 많이 일합니다.

이런 상황에서 '연결되지 않을 권리가 필요하다'는 목소리가 힘을 얻고 있습니다. 우리나라에서는 2016년과 2022년 <근무시간 외 업무 지시 금지 법안>이 발의됐지만, 결국 국회 문턱을 넘지는 못했습니다.

＊ 사회/교육부 눈밝음 기자 *brighteyes@책폴.com*

스마트 시대, '연결되지 않을 권리' 등장

'연결되지 않을 권리'란 업무시간 외에 업무와 관련된 연락을 받지 않을 권리를 뜻합니다. 쉽게 말해 '퇴근 후 회사의 연락을 거절할 권리'라고 볼 수 있겠죠. 스마트기기의 발달로 이메일, 전화, 메시지 등을 통해 24시간 업무 환경에 노출될 수 있는 경우가 많아짐에 따라 등장한 개념입니다. 노동자의 여가 시간을 보장하고, 사생활을 보호하자는 것이 목적입니다.

일의 연장이다 vs. 소통 잘하면 될 일

연결되지 않을 권리가 필요하다고 보는 입장에선 "퇴근 후 연락은 일의 연장이나 다름없다"며 "이는 사생활 침해로도 이어질 수 있다"고 말합니다. '급한 일'을 이유로 한두 번 연락이 오가다 보면 어느 순간 퇴근 후 연락이 당연시되고, 결국 사적인 시간을 침해받을 수 있다는 것이죠. 고용이 불안정한 임시직 등에겐 퇴근 후 회사 측의 연락이 일종의 '갑질'처럼 여겨질 수도 있습니다.

반면, 연결되지 않을 권리가 회사와 직원 간 소통을 가로막고 융통성 있게 일하는 문화를 해칠 수 있다고 보는 견해도 있습니다. 이런 문제들이 생길 때마다 무조건 법으로 규제하는 것보다는 회사와 노동자 측이 잘 협의하여 양측이 만족할 만한 근무 환경과 문화를 만드는 것이 중요하다는 의견입니다.

프랑스는 2017년부터 시행 중

해외 국가들은 우리보다 먼저 연결되지 않을 권리에 관심을 기울여 왔습니다. 2013년 독일 노동부는 업무시간 이후 상사가 직원에게 전화나 이메일로 연락하지 못하게 하는 지침을 발표했습니다. 프랑스는 2017년 1월부터 연결되지 않을 권리를 시행하고 있습니다. 법 시행에 따라 50명 이상의 노동자가 일하고 있는 프랑스 기업은 근무시간 외에 노동자에게 연락을 주는 문제와 관련해 직원들과 협상을 진행해야 할 의무가 있습니다.

덕분에 만나는 시사 용어

● **워라밸**

'노동', '근무시간' 등에 대한 기사를 읽다 보면 '워라밸(work-life balance)'이라는 용어가 많이 나옵니다. 워라밸은 '워크라이프 밸런스'의 줄임말로, 일과 개인의 삶 사이의 균형을 뜻합니다. 여러분 주변의 어른들은 워라밸을 잘 보장받고 있나요?

수리수리 논술이

Q1. 우리나라 직장인 중 퇴근 후에도 업무 관련 연락을 받는 이들은 몇이나 되나요? 기사를 읽어 보고, '퇴근 후에도 연락을 받는 우리나라 직장인의 비율'을 간략히 써 보세요.

Q2. '연결되지 않을 권리'는 어떤 배경에서 나온 걸까요? 기사를 읽고 관련 내용을 간략히 써 보세요.

....

....

Q3. '연결되지 않을 권리'에 대해선 찬반 입장이 나뉩니다. 여러분은 이 문제에 대해 어떻게 생각하나요? 아래 두 친구처럼 자신의 생각을 써 보세요.

<h2 style="text-align:center">퇴근 후 연락하면 안 되는 법?</h2>

	주장	주장에 대한 이유나 부연 설명
송희	○만들어야 합니다!	○카카오톡이나 문자로 쉽게 연락할 수 있는 시대가 되면서 시간 관계없이 일 연락을 받는 직장인들이 많아졌잖아요. 퇴근 이후엔 자유시간 아닌가요? 퇴근 후에는 각자 자유롭게 쉬게 해야죠. 직장과 노동자도 엄연히 계약 관계잖아요!
찬영	○굳이 만들 필요까진 없다고 생각해요.	○회사 업무 중에 정말 급한 업무들도 있잖아요. 그럴 때 연락했다는 이유로 처벌을 받게 된다면 정말 억울할 것 같아요. 물론 자주 연락하는 일은 없도록 회사와 노동자가 협의를 잘해야겠죠.

문화

도파밍 현상

보고 또 봐도 모자라… 도파밍 못 멈추겠어!

이슈

"도파민 돈다!" 숏폼과 릴스에 빠진 사람들

요즘 젊은 세대는 자극적인 콘텐츠를 보고 "재미있다"라는 말 대신 "도파민 돈다!"는 말을 쓴다고 합니다. 한 빅데이터 분석 기업에 따르면 2023년 12월 기준 각종 소셜 미디어에서 도파민이란 단어 언급량은 2022년 1월 대비 약 15배 증가했습니다.

도파민은 뇌신경 세포의 흥분을 전달하는 신경전달물질을 뜻하는 말입니다. 이전보다 강한 자극 또는 기존의 패턴과 다른 새로운 자극이 들어올 때 도파민이 더 많이 분비된다고 알려져 있습니다. 도파민과 게임 플레이어가 아이템을 모으는 행위를 뜻하는 '파밍(farming)'을 합친, '도파밍(dofarming)'이라는 말도 등장했습니다. 재미와 즐거운 경험을 적극적으로 찾아 나서는 사회현상을 의미합니다.

시대 변화가 빠른 만큼 사람들은 주변의 여러 자극 요소들 중에서도 더 자극이 강한 콘텐츠를 찾고 이에 몰입합니다. 사람들은 도파밍 현상의 대표적인 예로 유튜브 쇼츠·인스타그램 릴스 등 '숏폼(길이가 짧은 콘텐츠)'을 찾는 행동을 손꼽습니다. 실제로

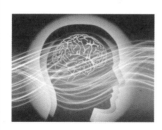

숏폼 콘텐츠는 한번 보기 시작하면 쉽게 끊기 어렵습니다.

전문가들 사이에서는 "도파민 중독에 대한 의학적 정의는 없지만, 계속해서 새로운 자극을 갈구하는 현상이 심해지면 중독으로 해석할 수도 있다"는 의견도 나옵니다.

＊ 문화/스포츠/연예부 안테나 기자 antenna@책폴.com

모바일 기기 등장으로 '더 빠르게!'

전문가들은 도파밍이 트렌드로 떠오른 배경으로 '모바일기기 보급'을 언급합니다. 기술이 발달하고, 개인마다 모바일기기를 하나씩 손에 쥐게 되면서 사람들은 '문자 언어'를 넘어 '영상 언어'에 집중하기 시작했죠. 이런 영상 언어는 더 빠르고 즉각적인 흥미를 주는 콘텐츠로 사람들을 유혹합니다.

읽고 생각하는 능력 떨어질까 걱정

도파밍 현상이 일상생활에 대한 흥미를 잃게 하고, 집중력을 떨어뜨릴 수 있다는 우려도 나옵니다. 전문가들은 이런 현상이 이른바 '팝콘 브레인(popcorn brain)'으로 확대될 수 있다고 지적합니다. 팝콘 브레인은 옥수수에 열을 가하면 톡톡 터지듯 강렬하고 즉각적인 자극에만 반응하는 뇌 구조를 뜻하는 말입니다. 워싱턴대학 데이비드 레비 교수가 만든 개념이죠.

전문가들은 "빠르고 자극적인 영상에 노출되면 뇌에서 도파민이 분비되고, 자극에 대한 내성이 생겨 더 강한 자극을 원하는 팝콘 브레인 현상까지 가면 사람들의 읽고 생각하는 능력이 확 떨어질 수 있다"고 말합니다. 실제로 책 앞에선 영 집중을 못 하다가, 짧고 자극적인 영상 앞에선 눈이 휘둥그레지는 사람들이 많습니다. 요즘 많이 얘기되는 문해력, 집중력 저하 문제는 도파밍 현상과도 연결 지어 볼 수 있을 겁니다.

'도파민 디톡스' 들어 보셨나요?

도파밍 현상의 부작용을 우려한 듯 '도파민 디톡스'도 등장했습니다. 온라인에서 도파민 디톡스 챌린지에 참여하는 이들도 많습니다. SNS에서는 자신의 하루 스마트폰 사용량을 공유하는 사람들도 등장했습니다. 휴대폰을 넣어 두면 일정 시간 동안 잠금이 설정되어 중간에 열지 못하는 '휴대폰 감옥' 상품도 인기를 끕니다.

덕분에 만나는 시사 용어

● 알파 세대
도파밍 현상의 중심에는 '알파 세대'가 있다고 해요. 알파 세대는 2010년 이후 태어난 세대를 뜻합니다. 태어나면서부터 스마트폰 등 디지털 기기와 함께한 첫 세대로, 부모 세대보다 디지털 활용 능력이 뛰어나다는 점이 특징이죠. 스마트폰과 각종 숏폼 중독은 알파 세대가 맞닥뜨린 문제여서 사회적으로 이들에 대한 고민도 많이 나오고 있답니다. 여러분은 알파 세대인가요?

수리수리 논술이

Q1. '도파밍 현상'은 무엇을 뜻하는 말인가요? 기사에서 찾아 정리해 보세요.

....

....

Q2. '도파밍 현상의 대표적인 사례'로는 뭐가 있을까요? 기사를 읽고 간략히 정리해 보세요. 다른 온라인 기사를 참고해도 좋습니다.

....

....

Q3. 도파밍 현상에 대한 여러분의 생각이 궁금합니다. 아래 두 친구처럼 자신의 생각을 써 보세요.

도파민 터진다고요?!

	주장	주장에 대한 이유나 부연 설명
찬형	○조심해야 한다고 생각해요.	○저희 부모님도 제가 스마트폰을 사용할 때 시간을 제한하세요. 너무 자극적인 데만 빠져서 정신을 못 차릴까 봐 그런 거죠. 도파밍 현상이 심해지면 사람들이 생각을 잘 안 할 거예요.
민서	○쇼츠에 빠지는 게 문제라고 생각하지 않아요.	○원래 문화 현상이라는 것이 그 시대에 맞춰 나오는 자연스러운 과정이잖아요. 디지털 기기에 중독되는 게 걱정일 수도 있지만 숏폼이나 영상 등으로 정보를 얻을 수도 있어요. 디지털 교과서가 나오는 시대에 조선시대 사람 같은 소리 아닌가요?

과학

전기차

그, 그 차?
요즘 말 많던데…

이슈

연이은 전기차 화재 … 안전성 우려 커져

전기차 화재가 연이어 일어나면서 안전성에 대한 우려가 커지고 있습니다.

2024년 8월 1일 인천 청라국제도시의 한 아파트 지하 주차장에 있던 전기차에서 불이 났습니다. 화재 진압에 어려움을 겪던 소방 당국은 8시간 20분 만에 불을 완전히 껐

습니다. 인명 피해는 없었지만, 차 40여 대가 불타고 100여 명 주민이 대피했습니다.

며칠 뒤 8월 6일 충남 금산에서는 주차 중이던 전기차에 불이 붙었습니다. 출동한 소방 당국은 소방차 등 장비 12대와 인력 35명을 투입해 1시간 37분 만에 불을 껐습니다. 다행히 인명 피해는 없었습니다.

전기차는 전기를 동력원으로 삼아 운행하는 자동차를 뜻하죠. 환경에 도움이 되고, 각종 혜택도 많아 많은 이들이 전기차에 관심을 기울이고 있는 상황인데요. 이런 때 화재 사고가 연이어 일어나면서 전기차 소유자들이나 전기차를 사려던 이들은 고민이 깊어집니다.

인천, 금산에서 일어난 전기차 화재 사건은 배터리 셀에 불이 나면서 '열 폭주'로 이어졌다는 분석이 나옵니다. 열 폭주는 일반적으로 배터리가 과도하게 충전될 때 일어납니다. 하지만 인천 사고의 경우 충전 상태가 아니었던 터라 의문이 남습니다. 전문가들은 "과충전이 아니어도 배터리에 충격이 가해져 분리막이 손상되는 등 불량이 발생하면 열 폭주로 이어질 수 있다"고 말합니다.

＊국제/과학·환경부 송시야 기자 **worldwide@책폴.com**

전기 동력원으로 삼는 '친환경 자동차'

전기차는 전기를 동력원으로 삼기 때문에 기후 위기의 주범인 탄소를 배출하지 않습니다. 전기차를 '친환경적인 자동차'로 부르는 이유입니다. 내연기관차와 비교할 때 전기차는 특장점이 많습니다. '친환경차'로 분류되어 각종 세금·통행료가 감면됩니다. 엔진오일 등 주기적으로 교체해야 하는 소모품이 적은 편입니다. 충전 요금이 기름값에 비해 저렴해 유지비도 적게 들어갑니다. 이런 특장점이 알려지면서 전기차는 최근 자동차 시장에서 큰 주목을 받고 있습니다.

잇따른 사고에 '전기차 공포증'까지 확산

최근 5년 동안 전기차 화재 사고는 매년 2배 가까이 늘었습니다. 전기차 사고로 인해 사람들 사이에선 '전기차 공포증'이란 말까지 등장했죠. 일부 일반 차량 차주나 아파트 측에서 전기차 소유자를 대상으로 "지하 주차장에서 차를 빼 달라!"고 요구하는 사례도 등장했습니다. 전기차 차주들은 "지하 주차장에서 충전만 해도 눈치가 보인다"고 말합니다.

한편, 정부는 〈전기차 화재 관련 안전 관리 대책〉을 확정, 발표했습니다. "모든 신축 건물의 지하 주차장에 화재 발생 시 감지·작동이 빠른 습식 스프링클러를 설치하는 등 지하 주차장 안전 관리를 한다", "2025년 1월부터 시행하려 했던 전기차 충전구역·충전 시설 설치 의무 이행 시기를 1년간 유예한다", "전기차 화재 발생 시 원활한 진압을 위해 소방관서 등에 장비를 확대 보급한다" 등의 내용이 담겼습니다.

전기차 만드는 과정서 산림 훼손?

전기차 생산의 이면에 '환경 파괴'가 있다는 지적도 나옵니다. 전기차 배터리 원료로 사용되는 코발트와 니켈, 리튬 등을 채굴하는 과정에서 아프리카와 동남아시아 국가들의 산림이 훼손되고, 식수가 오염되기 때문이죠. 그런 배경에서 전기차 관련 기업들이 원료를 어디서, 어떻게 채굴하는지 그 장소와 방법 등을 투명하게 공개하는 법이 필요하다는 주장에도 힘이 실리고 있습니다.

덕분에 만나는 시사 용어

● 전기차 포비아

"전기차 가까이 가지 마!", "전기차? 아파트 주차장 열어 주지 마!"

전기차 소유주가 이런 말을 들으면 어떨까요? 최근 전기차 화재로 인해 '전기차 포비아'라는 말도 등장했다 해요. 포비아(phobia)란, 특정 대상이나 상황에 대해 국한되어 발생하는 공포 등을 뜻해요. 우리 사회에서 어떤 사건 사고가 일어나면 이 같은 '포비아' 현상이 많이 일어나곤 합니다. 코로나19 때는 '코로나19 포비아'라는 표현이 나오기도 했죠. 화재 사건 탓에 불안할 순 있지만, 전기차 소유주에게 낙인을 찍고, 혐오하고 편 가르기를 하는 게 과연 적절한 일일까요?

수리수리 논술이

Q1. '전기차'는 어떤 차량을 말하나요? 기사를 읽고, 간략히 정리해 보세요.

....

....

Q2. 최근 전기차와 관련하여 어떤 사건들이 일어났나요? 기사를 읽고, 관련 내용을 정리해 보세요. 기사에 언급된 내용에 더해 인터넷에서 다른 사례들도 더 찾아보세요.

....

....

Q3. '전기차 화재 사건' 관련 뉴스를 보며 여러분은 어떤 생각을 했나요? 아래 두 친구처럼 자신의 생각을 써 보세요.

전기차에서 불이 붙다니!

	주장	주장에 대한 이유나 부연 설명
나영	○전기차 타면 절대 안 됩니다!	○최근 화재 사건 뉴스를 보니 너무 무섭더라고요. 정부가 책임을 지고 전기차의 위험성에 대해 조사한 후 문제가 없음이 증명됐을 때 판매하도록 제도를 바꿨으면 좋겠습니다.
소진	○전기차는 죄가 없어요!	○전기차 화재로 사람들 사이에서 다툼이 일어난다는 뉴스를 봤어요. 전기차뿐 아니라 모든 차는 위험성을 갖고 있잖아요. 이번 화재 사건의 문제를 철저히 조사하되, 전기차 타는 사람들에게 불편한 시선을 보내진 말아야 해요.

사회·경제

소비 기한
표시 제도

굿바이 유통기한, 웰컴! 소비 기한!

이슈
2024년부터 '소비 기한 표시제' 본격 시행

제품을 살 때 지금까지 '유통기한'을 봐 왔다면, 앞으로는 '소비 기한'을 봐야 합니다. 2024년부터 '소비 기한 표시제'가 본격 시행되고 있습니다.

소비 기한은 식품에 표시된 보관 방법만 잘 지키면 섭취해도 안전에 이상이 없는 기한을 뜻합니다. 제조일로부터 유통·판매가 허용된 기한을 뜻하는 유통기한과는 차이가 있죠. 쉽게 말해 소비 기한은 '식품을 먹어도 되는 기한', 유통기한은 '식품을 팔아도 되는 기한'이라고 보면 됩니다. 일반적으로 유통기한은 안전한 기한의 60~70퍼센트 수준에서, 소비 기한은 80~90퍼센트 수준에서 정해집니다. 제품군별로 다르지만 소비 기한은 기존 유통기한보다 20~50퍼센트가량 깁니다.

주요 식품 유형별 소비 기한을 보면 가공 두부는 8~64일, 가공유는 23~26일, 떡류는 3~56일, 초콜릿 가공품은 51일, 캔디류는 23일입니다. 소비 기한은 기존 유통기한이 적혔던 자리에 표기되는 방식입니다.

소비 기한 표시제가 시행됨에 따라 소비 기한 대신 유통기한이 표시된 경우 법을 위반한 것으로 간주합니다. 1차 위반 시 시정 명령, 이후로도 위반 행위가 적발될 경우

해당 품목의 제조 정지 또는 영업정지 등의 처벌을 받죠.

정부는 "소비 기한 표시제 시행과 관련해 소비자들은 식품 등에 표시된 보관 방법을 철저히 준수해야 하며 소비 기한이 경과된 제품을 섭취해서는 안 된다"고 강조했습니다.

＊ 사회/교육부 눈밝음 기자 **brighteyes**@책폴.com
정치/경제부 이진실 기자 **honest**@책폴.com

늘어나는 음식물 쓰레기 문제의 해법

기존에 있던 유통기한이 사라지게 된 건 38년 만의 일입니다. 정부가 지난 1985년부터 이용하던 유통기한 표시제를 없앤 이유는 식품 폐기물을 줄이자는 목적이 큽니다. 유통기한은 식품을 팔아도 되는 기한으로, 조금 지나도 품질에 문제가 없지만, 소비자들은 유통기한이 지난 제품을 '먹어선 안 될 음식'으로 인식하고 버리는 경우가 많았습니다. 한국보건산업진흥원이 2013년에 진행한 연구 결과에 따르면, 소비 기한 도입 시 폐기 비용 절감 효과는 소비자 3000억 원, 생산자 176억 원에 달합니다.

겨우 하루 지난 음식인데 뭐가 문제?

식품의 판매 가능 기한을 알려 주는 유통기한이 제품을 생산한 생산자와 영업자 중심의 제도였다면 소비 기한은 소비자 중심의 제도라고 볼 수 있습니다.

이 제도가 안착하려면 식품업계와 소비자 모두의 노력도 필요합니다. 사람들은 "소비자가 식품을 섭취하는 기간이 길어진 만큼 엄격한 품질 관리를 해 줬으면 한다"고 말합니다. 식품업계는 "유통기한은 며칠 지나 먹어도 괜찮지만, 소비 기한은 철저히 지켜야 한다"며 "유통기한 때처럼 제품을 관리할 경우 변질될 가능성이 크다는 점을 소비자들도 알아야 한다"고 강조합니다. '겨우 하루 지난 거니까…'라고 쉽게 생각하고 소비 기한이 지난 제품을 섭취해선 절대 안 된다는 얘기죠.

식품 수출에도 긍정적 영향 있을 것

경제협력개발기구(OECD) 회원국을 비롯해 대부분의 나라가 소비 기한만 표기하거나 소비 기한, 유통기한 둘 다 표기합니다. 다른 나라들에 발맞춰 소비 기한 표시제를 실시할 경우 또 다른 효과도 기대해 볼 수 있어요. 정부는 "다른 나라와 동일한 제도를 만듦으로써 우리나라 생산 식품의 수출 경쟁력도 강화할 수 있을 것"이라고 전망합니다.

덕분에 만나는 시사 용어

● **음식물 쓰레기**
"음식물 쓰레기는 따로 버려야지!" 식품 관련 기사뿐 아니라 우리 일상에서도 많이 만날 수 있는 표현이 바로 '음식물 쓰레기'입니다. 음식물 쓰레기는 소비되고 남은 음식물을 뜻하는 말이죠. 이는 가공 후 퇴비, 바이오 가스, 가축의 사료 등으로 사용되기 때문에 동물의 섭취 가능 여부로 일반 쓰레기와는 구분됩니다.
여기서 문제 하나! 호두, 복숭아, 감, 아보카도의 씨앗 등은 음식물 쓰레기봉투에 넣어야 할까요? 아닙니다. 분쇄 시설의 고장을 유발할 수 있어 일반 쓰레기로 버려야 해요. 소비 기한 표시제 시행을 계기로 음식물 쓰레기와 일반 쓰레기를 구분하는 법을 더 찾아보면 어떨까요?

수리수리 논술이

Q1. '유통기한 표시제'와 '소비 기한 표시제'는 어떻게 다를까요? 기사를 읽고 간략히 정리해 보세요.

Q2. '소비 기한 표시제'가 나오게 된 이유는 무엇일까요? 기사를 읽고 간략히 정리해 보세요.

....

....

Q3. '소비 기한 표시제' 시행에 대한 여러분의 생각이 궁금합니다. 아래 두 친구처럼 자신의 생각을 써 보세요.

올해부터 소비 기한을 표시해야 한답니다!

	주장	주장에 대한 이유나 부연 설명
민영	○쓰레기도 줄이고, 돈도 아끼는 좋은 제도입니다.	○'먹어도 되는 기간'은 '판매하는 기간'보다 길잖아요. 깜빡하고 음식을 바로 못 먹는 일도 많은데 이렇게 먹어도 되는 기간을 써 주면 음식을 쉽게 버리지 않게 될 겁니다. 쓰레기를 줄일 수 있고, 돈도 아끼는 방법이라 생각해요.
찬희	○굉장히 의미 있는 제도라는 생각이 들어요.	○다만, 제도가 잘 운영되려면 소비자들과 식품업계가 함께 노력해야죠. 소비 기한이 지나 먹으면 식중독에 걸릴 수도 있으니까요. 식품업계는 날짜를 정직하게 표시하고, 소비자는 날짜를 꼼꼼히 체크해야 문제가 없을 겁니다.

정치·문화

BTS 군 입대

전 세계에 국가를 알렸는데… 군대에 가다니!

이슈

BTS 멤버 전원 입대 완료 "2025년에 돌아올게요"

경기도 연천군 신병교육대 앞, 커다란 풍선 아래 그룹 방탄소년단(BTS) 멤버 정국과 지민의 건강한 군복무를 기원하는 현수막이 걸렸습니다. 정국과 지민 측에서 "훈련소를 찾아오지 말아달라"고 당부하자 팬들은 방문 대신 현수막으로 '조용한 응원'을 보냈죠. 이는 그룹 BTS 멤버 지민과 정국이 육군 현역으로 동반 입대하던 2023년 12월 12일 날의 풍경입니다.

이로써 BTS는 멤버 7인 전원이 병역 의무를 이행하게 됐습니다. 멤버 전원 군 입대로 그룹 BTS의 '완전체' 활동은 2025년 6월 이후에 볼 수 있을 것으로 보입니다. 그간 BTS 멤버들은 병역 의무를 다하겠다는 입장을 거듭 밝혀 왔고, 전원 입대로 그 약속을 지켰습니다.

사실 이들의 군 입대 문제는 문화예술계를 넘어 정치·사회적인 논란거리였습니다. 그룹 활동은 물론 솔로 활동만으로도 전 세계 인기 순위를 휩쓸 정도로 '국위선양'을 이뤄 낸 이들에게 병역 면제를 해 줘야 하지 않겠느냐는 이야기가 나오면서부터였죠. 국위선양은 '나라의 권위나 위세를 널리 떨치게 한다'는 뜻으로, 특정 분야에서 세계적인 업적을 이뤘을 때 쓰는 말입니다.

BTS 멤버 모두 군 복무에 들어가자 영국 BBC는 "한국은 북한과 휴전 중이기 때문에 대부분의 남성은 18개월 동안 군에서 복무해야 한다"며 병역 논란에 대해서도 짚었습니다.

＊ 정치/경제부 이진실 기자 honest@책폴.com
문화/스포츠/연예부 안테나 기자 antenna@책폴.com

나라를 널리 알린 이에게 주는 병역 특례

우리나라처럼 국민에게 병역의 의무를 강제로 부여하는 병역 제도를 '징병제'라 합니다. 징병제이지만, 특정한 자격을 인정받은 이들에게 병역을 면제해 주는 제도도 있습니다. 이를 '병역 특례'라고 해요. 병역 특례 종류 중엔 예술·체육 분야의 세계 대회에서 좋은 성적을 거둔 이들에게 병역을 면제해 주는 '예술·체육 요원 병역 특례'가 있습니다.

지금까지는 순수예술 분야에서만 예술·체육 요원 자격이 주어졌습니다. 한데 BTS 군 입대와 관련해 대중문화 예술인도 포함해야 한다는 주장이 나왔죠.

대중 예술은 왜 안 돼? vs. 국가대표는 아니잖아!

BTS처럼 대중문화 예술인을 병역 특례 제도에 포함해야 한다는 주장에는 "그만큼 우리나라를 세계에 널리 알린 공이 크다"는 이유가 있습니다. 이런 시각에선 한 나라를 알리는 사절 역할을 하는 이들이 군 입대로 활동을 중단하면 국익 차원에서 손해라고 말합니다. 또한, '순수예술'은 되고, '대중 예술'은 안 된다고 보는 근거가 뭐냐고 비판하는 이들도 있습니다.

반대 입장에선 "연예인은 국가대표 신분이 아니라 개인의 이익을 위해 활동하는 이들"이라는 점을 강조합니다. "BTS의 공로는 충분히 인정하지만, 애초 한국을 세계에 알리기 위해 가수가 된 것도 아니지 않느냐"는 것이죠.

40년 된 '옛날 제도'라는 비판도

우리나라 병역 특례 제도가 나온 지는 40년. 이 일을 계기로 너무 오래된 이 제도를 손봐야 한다는 말도 나옵니다. 애초 국위선양에 대한 '특례'는 1970년대 초 해외에 우리나라를 알릴 기회가 없었고, 군 입대할 인구도 많은 상황에서 나온 제도이기 때문에 지금 시대에 맞는 새로운 제도로 탈바꿈해야 한다는 견해죠.

덕분에 만나는 시사 용어

● **모병제**
징병제와 달리 자원한 사람들만으로 군대를 유지하는 병역 제도도 있어요. '모병제'입니다. 우리나라가 징병제를 유지하는 것이 맞느냐, 모병제로 바꾸는 것이 맞느냐에 대해서는 찬반 의견이 갈리기도 해요. 최근에는 인구가 줄어드는 때 모두가 군대를 잠시 다녀오는 것보다는 직업적으로 특화된 전문 병력을 갖춰 놓는 모병제가 오히려 더 현실적이라는 이야기도 나오고 있죠.

수리수리 논술이

Q1. '국위선양'이란 무엇을 뜻하나요? 기사에서 찾아 간략히 정리해 보세요.

....

....

Q2. 'BTS 군 입대'와 관련하여 어떤 논란들이 있었나요? 기사에서 찾아 간략히 정리해 보세요. 다른 온라인 기사를 참고해도 좋습니다.

....

....

Q3. 국위선양을 한 대중문화 예술인에게 병역을 면제해 주는 것에 대한 여러분의 생각이 궁금합니다. 아래 두 친구처럼 자신의 생각을 써 보세요.

문화예술인 병역 면제요?

	주장	주장에 대한 이유나 부연 설명
민영	○공로가 크니 빼 주는 게 맞죠!	○BTS와 같은 그룹은 면제를 해 주는 게 맞다고 생각합니다! 전 세계에 우리나라를 알렸잖아요. 국가 이미지를 좋게 만들어 준 공로가 매우 크니까 군대는 안 가게 해 주는 게 맞는 거 아닌가요?
강희	○기준이 모호해서 반대합니다!	○BTS가 국가대표는 아니잖아요. 국가대표급으로 능력이 있는 그룹이고, 세계에 우리나라를 알린 공로도 크지만, 이렇게 되면 다른 문화예술인들 중에서도 혜택을 받으려는 사람이 나올 겁니다. 공로의 기준이 참 모호해요.

국제·사회

푸바오 반환

고마웠어, 푸바오!

이슈

"잊지 않을게" 푸바오 떠나는 날, 시민들 눈물

"10년이 지나도 100년이 지나도 영원한 아기 판다야, 고맙고 사랑한다."

2024년 4월 3일. 에버랜드 동물원에서 사육되던 자이언트 판다 '푸바오'가 중국으로 반환됐습니다. 비가 오는 날씨에도 막대한 인파가 에버랜드 동물원에 모여 푸바오에게 마지막 인사를 건넸습니다.

"사랑하는 푸바오! 할부지가 널 두고 간다. 꼭 보러 올 거야. 잘 적응하고, 잘 먹고 잘 놀아라." 사람들은 누구보다 강철원 사육사가 푸바오에게 보내는 편지에 눈시울을 붉혔습니다. 푸바오와 강 사육사의 관계, 이른바 '케미(유대 관계)'는 우리 사회에 '푸바오 덕후(푸덕이)'까지 탄생시켰죠. 4월 2일 강 사육사가 모친상을 당했음에도 계획대로 중국행을 고집한 것으로 알려지면서 강 사육사를 향한 애도와 응원의 메시지가 쏟아지기도 했습니다.

푸바오가 우리 사회에 처음 알려지게 된 건 2023년 3월경. 같은 해 2월, 미국 테네시주 멤피스동물원에 살던 판다 '러러'가 사망하는 사건이 일어나면서부터였습니다. 중국 누리꾼 사이에서 '러러' 그리고 같은 곳에 살던 '야야'의 비쩍 마른 사진이 공유되면서 타국에 보낸 판다들을 송환하자는 여론이 들끓었죠. 그 즈음 에버랜드 유튜브에 올라온 푸바오가 '잘 관리된' 모범 사례로 주목받기 시작했습니다. 한편, 푸바오가 출생 1354일 만에 중국에 돌아오면서 중국은 환영 분위기에 들떴습니다.

∗ 국제/과학·환경부 송시야 기자 worldwide@책폴.com
사회/교육부 눈밝음 기자 brighteyes@책폴.com

푸바오가 다시 중국으로 간 이유는?

중국은 1980년대부터 우호국에 판다를 대여해 주는 '판다 외교'를 펼쳐 왔습니다. 2022년 기준 중국이 판다를 보낸 나라는 총 21개국에 달하는데요. 중국법상 판다 소유권은 중국에 있습니다. 만약 중국이 아닌 다른 나라에서 태어났다 하더라도 성 성숙이 일어나는 만 4세가 되면 종 번식을 위해 중국으로 돌아가야 합니다. 푸바오가 중국으로 돌아간 이유도 여기 있죠. 전문가에 따르면 현재 판다는 전 세계에 1800여 마리가 남은 멸종 취약종에 속합니다.

'사육사와의 케미' 등 인기 분석

아이돌 못지않은 푸바오의 인기를 분석하는 기사들도 쏟아졌습니다. 동그랗고 귀여운 얼굴, 짧고 토실토실한 팔다리, 뒤뚱거리며 걷는 모습 등 푸바오는 사람 아기의 신체적 특징을 많이 닮았습니다. 푸바오의 성장 과정을 마치 한 아이가 커 나가는 것을 보듯 흐뭇하게 바라본 시민들도 많았죠. 마침 에버랜드는 푸바오의 성장 과정을 콘텐츠로 만들어 공개했습니다. 사람들은 "판다의 탄생과 성장을 지켜보면서 '생명의 소중함'을 새삼 깨달을 수 있었다"고 입을 모읍니다.

푸바오가 사랑받은 이유로 사육사와 판다들의 케미도 빼놓을 수 없죠. 강 사육사의 경우 2020년 7월 20일 푸바오가 태어날 때부터 가장 가까이에서 돌봤습니다. 푸바오와 강 사육사가 장난치는 장면이 담긴 영상은 엄청난 조회 수를 기록하며 사람들 사이에서 화제가 됐습니다.

'동물 입장에서 생각하자' 목소리도 나와

푸바오를 향한 시민들의 사랑은 "동물 입장에서 동물의 삶을 바라보자"는 쪽으로 향하고 있습니다. '동물 외교'는 동아시아 외교에선 특별한 관행이고 두 나라 사이 긴장을 풀어 주는 역할도 하고 있지만, 동물 생명권 시각으로는 없어져야 할 문화일 수 있죠. 많은 이들이 "동물을 보며 귀엽다고만 할 게 아니라 진지하게 동물의 권리를 생각하는 쪽으로 관심을 기울여야 한다"고 말합니다.

덕분에 만나는 시사 용어

● **동물권**

사람에게만 '권리'가 있는 게 아니랍니다. 동물에게도 '권리'가 있을 수 있죠. 푸바오가 우리나라에서 큰 인기를 얻으면서 요즘 '동물권'에 대한 관심도 커지고 있는데요. '동물권'이란, 동물에게도 사람이 갖는 '인권'에 준하는 권리가 있다는 개념이에요. 동물에게도 생명권을 비롯해 고통을 피하고, 학대당하지 않을 권리 등이 있다는 의미죠. 동물권을 주장하는 사람들은 동물도 적절한 서식 환경에 맞춰 살아갈 수 있어야 하고, 인간의 이기적인 판단으로 동물의 가치가 결정되어선 안 된다고 말합니다.

수리수리 논술이

Q1. 푸바오가 중국으로 다시 돌아간 이유는 무엇일까요? 기사에서 이유를 찾아 간략히 정리해 보세요.

....

....

Q2. 푸바오가 사람들에게 사랑받은 이유는 무엇일까요? 기사를 잘 읽고 간략히 정리해 보세요.

....

....

Q3. 여러분은 '푸바오 인기 현상'을 보며 어떤 생각이 들었나요? 아래 두 친구처럼 자신의 생각을 써 보세요.

푸바오 인기? 저는 말이죠…

	주장	주장에 대한 이유나 부연 설명
지선	○사육사와의 가족애가 사람들을 울렸죠!	○푸바오도 귀엽지만 사육사분들과의 따뜻한 가족애가 사람들을 울렸다고 생각해요. 요즘 사회에 안 좋은 일들이 너무 많이 일어나는데 푸바오와 사육사들의 영상을 보면 마음이 따뜻해지고, 가족, 사랑 등의 단어를 생각해 보게 되잖아요.
지완	○다른 동물들에게도 관심 가졌으면 좋겠어요.	○푸바오만큼 우리 주변 다른 동물들에게도 관심을 가졌으면 합니다. 버려지고, 학대를 당하는 동물들이 생각보다 많더라고요. 사람은 동물을 갖고 노는 장난감으로 생각할 수 있는데 동물도 생각이 있고, 아픔도 느낀다는 점을 알았으면 좋겠어요.

사회

청소년 도박

우리도 모르는 새 다가오는 도박의 유혹

이슈
청소년 사이버 도박… 2925명 검거

10대 청소년들의 도박 문제가 갈수록 심각해지고 있습니다. 경찰청 국가수사본부(이하 국수본)이 2023년 9월 25일부터 2024년 3월 31일까지 전국 시·도청 사이버범죄 수사대를 중심으로 '청소년 대상 사이버 도박 특별 단속'을 실시한 결과, 19세 미만 청소년 1035명을 포함한 2925명(구속 75명 포함)이 검거됐습니다. 이들이 취한 범죄 수익은 총 619억 원에 달합니다.

놀랍게도 청소년 검거 인원 대다수는 직접적으로 도박을 수행한 주체인 '도박 행위자'(1012명)였습니다. 도박 사이트를 운영(12명)하거나 도박사이트 광고(6명)를 한 청소년도 있었습니다.

전문가들은 "도박은 단순한 문제로 끝나지 않고, 꼬리에 꼬리를 문다"고 우려합니다. 성인 대상 도박 범죄 사건을 보면 범죄 동기가 '도박 빚' 때문이라는 사례가 많습니다. 많은 돈을 잃더라도 한 번만 잘하면 이를 만회할 거라는 심리 탓에 도박 자금을 마련하려고 각종 범죄를 계속해서 저지르게 되는 거죠. 10대 청소년도 마찬가지입니다. 경찰청 통계를 보면 2022년 기준, '도박비 마련'을 위해 범죄를 저지른 청소년은 무려 138명에 달했습니다. 이 중 사기 범죄가 전체 약 78퍼센트로 가장 많았고 공갈과 폭력, 심지어 강도까지 저지른 사례도 있었습니다.

경찰 및 전문가들은 "청소년의 도박 문제는 치료나 처벌이 아닌 '예방'이 중요하다"고 말합니다.

＊ 사회/교육부 눈밝음 기자 brighteyes@책폴.com

사다리 · 룰렛 게임 하다 보니 도박에…

경찰에 도박 문제로 검거된 청소년들 대다수는 '스마트폰 문자 메시지'를 통해 일상적으로 도박 사이트를 접하게 됐다고 말했습니다. 이들이 빠진 도박 게임은 사다리 게임, 룰렛 게임 등 아주 단순해서 쉽게 빠져든다는 특징이 있었습니다. 또한, 청소년들은 또래들과 어울리기 위해 도박을 거리낌 없이 접하면서 이를 도박이 아닌 단순한 게임으로 생각한 것으로 알려져 있습니다.

'중독성' 탓에 학교 폭력 · 절도로 이어져

도박은 '돈이나 재물 따위를 걸고 주사위, 골패, 마작, 화투, 트럼프 따위를 써서 서로 내기를 하는 일'을 뜻합니다. 쉽게 말해 재물을 걸고 우연에 의해 득실을 결정하는 행위를 뜻하죠.

도박이 단순한 게임이 아닌 사회 문제가 되는 이유로 '중독성'을 이야기하는 이들이 가장 많습니다. 게임에 들인 돈보다 큰돈이 들어오는 것을 몇 번 경험하고 나면, 이를 잊지 못하고 반복하게 되죠. 전문가들은 도박 중독을 정신 질환의 일종이라고 말합니다.

돈을 벌 수 없는 청소년 입장에서 도박에 중독되면 도박에 쓸 돈을 구하려고 학교 폭력이나 절도 등 다른 범죄를 저지르게 될 가능성도 매우 커집니다. 정부나 경찰이 청소년의 도박 문제에 특히 더 관심을 기울이는 이유입니다.

청소년 도박이 '사회문제'인 이유

전문가들은 "아직 성장 중에 있는 청소년들이 도박과 같은 자극에 노출되고, 큰 보상을 얻게 되면 다른 자극에 둔감해질 수밖에 없다"며 "이는 사실상 사회가 책임져야 할 문제"라고 말합니다. 그런 의미에서 청소년을 온라인 도박으로 유혹하는 이들에게는 큰 처벌이 따라야 한다고 보는 이들도 있습니다.

덕분에 만나는 시사 용어

● **사행성**

'사행성 도박에 노출!'

도박이나 게임 관련 기사를 보면 '사행성'이라는 단어가 많이 보입니다. 사행성이란, 우연한 이익을 얻고자 요행을 바라거나 노리는 성질이나 그러한 특성을 말합니다. 쉽게 말해 "운이 좋으면 일확천금할 수 있다"며 사람들을 유혹하는 것을 의미하죠.

사행성 도박 등이 심해진 사회에선 사람들이 건강하게 경제 활동을 하기보단 다 내팽개치고 게임이나 도박에만 몰두하기 쉽습니다.

수리수리 논술이

Q1. 청소년 온라인 도박 문제가 얼마나 심각한 상황인가요? 기사에서 찾아 간략히 정리해 보세요.

....

....

Q2. 청소년들은 어떤 과정을 통해 온라인 도박에 빠지게 되나요? 기사에서 찾아 간략히 정리해 보세요. 다른 온라인 기사를 참고해도 좋습니다.

....

....

Q3. 청소년 온라인 도박에 대한 여러분의 생각이 궁금합니다. 아래 두 친구처럼 자신의 생각을 써 보세요.

청소년 온라인 도박이 늘고 있다고요?

	주장	주장에 대한 이유나 부연 설명
소리	○도박에 빠지도록 덫을 놓은 이들을 강하게 처벌해야 해요!	○도박 때문에 청소년들이 처벌받는다는 뉴스를 봤어요. 청소년이나 어린이는 어른들보다 분별력이나 자제력이 부족하잖아요. 아이들을 도박에 빠지게 유혹하는 사람들이야말로 나쁜 사람들 같아요.
민영	○아이들도 잘못이 있으니 처벌을 강화해야죠!	○저는 아이들에 대한 처벌도 강화해야 한다고 생각합니다! 처벌이 강해지면 아이들도 도박에 관심을 안 가질 거 같아요. 예방도 예방이지만 처벌만큼 무서운 건 없다고 봅니다.

국제
.....
튀르키예 강진

그 나라 지진? 내가 그런 일까지 신경 써야 해?

이슈

튀르키예 7.8 규모 강진으로 사상자 발생

진열장의 물건들이 흔들리다 중심을 잃고 바닥으로 우수수 떨어집니다. 천연가스 파이프는 강진을 이기지 못해 결국 폭발합니다. 거리에 붉은 연기가 하늘 높이 치솟습니다. 지진 충격으로 전기가 끊긴 거리는 순식간에 암흑천지로 변합니다.

2023년 2월 6일 새벽 4시 17분께 규모 7.8의 강진이 일어난 튀르키예 현장의 모습입니다. 강진은 튀르키예 남부 산업 단지인 가지안테프에서 약 33킬로미터 떨어진 곳에서 시작됐습니다. 이어 9시간 뒤에는 튀르키예 카흐라만마라슈 북북동쪽 59킬로미터 지점에서 규모 7.5의 지진이 추가로 발생했습니다. 이뿐 아니라 작은 규모의 여진이 잇따르면서 튀르키예에서만 건물 6000여 채가 파괴됐습니다. 지진으로 인한 흔들림은 튀르키예 최대 도시 이스탄불뿐 아니라 이집트 수도 카이로, 레바논 수도 베이루트에까지 감지될 정도였습니다.

강진 여파는 튀르키예와 국경을 맞대고 있는 시리아 북부 지역에까지 덮쳤습니다. 건물 잔해에 깔린 사람들 중엔 이미 사망자도 많았습니다.

튀르키예 에르도안 대통령은 2월 7일 가지안테프, 하타이, 카흐라만마라쉬 지역을 포함한 10개 지역을 재난 지역으로 지정하고 비상사태를 선포했습니다. 한편, 세계의 많은 나라가 튀르키예의 지진 피해를 돕기 위해 모금 활동을 하고 구조대도 파견했습니다. 우리나라도 118명 규모의 대한민국 긴급구호대(KDRT)를 파견했습니다.

＊ 국제/과학·환경부 송시야 기자 **worldwide@책폴.com**

여러 개 지각판이 만나는 지진 취약 지역

튀르키예를 강타한 규모 7.8의 강진은 21세기 전 세계에서 발생한 지진 중 4번째 규모였습니다. 직선거리로 약 7400킬로미터 떨어진 우리나라 강화도 지진계에도 감지됐다고 하니 얼마나 강력했는지 짐작할 만합니다.

땅에서의 지진은 서로 다른 대륙판이 만나는 곳에서 주로 일어납니다. 튀르키예 남부와 시리아 북부 일대는 여러 지각판이 만나는 아나톨리안 단층대가 자리 잡고 있어 예전부터 지진 발생이 잦은 지역이었죠. 강진에 영향을 받은 대부분 건물은 20~30년 이상 된 것들이라 지진에 특히 취약했습니다.

'인류애' 발휘한 전 세계 사람들

강진으로 고통받는 튀르키예에는 온정의 손길이 전 세계로부터 이어졌습니다. 우리나라 시민들은 겨울옷과 핫팩 등의 방한용품은 물론, 튀르키예 아이들에게 필요한 물건을 앞다퉈 보냈습니다. 튀르키예와 불편한 관계인 이스라엘과 그리스도 긴급 지원에 나섰습니다.

사람들은 "지금이야말로 전 세계가 '인류애'를 발휘해야 할 때"라고 말합니다. 인류애란 인종, 국적 등과 관계없이 인류 전체에 대한 차별 없는 사랑의 마음을 뜻하는 말이죠. 인간은 자연 앞에 한없이 나약한 존재이지만, 그간 동남아 쓰나미, 동일본 대지진 등 자연 재해가 일어났을 때마다 인류애를 발휘해 왔습니다.

건물 평가·안전교육···'대비' 필요해요

지진은 남의 일이 아닙니다. 우리나라에서도 2016년 경주에서, 2023년 인천 강화군에서 각각 규모 5.8, 규모 3.7의 지진이 발생한 적이 있죠. 지진은 자연재해이지만, 미리 대비하여 피해를 최소화하는 방안도 모색해야 합니다. 전문가들은 "지진 대응책을 더욱 꼼꼼히 챙기고 시설 점검도 철저히 해야 한다"며 "평소 시민들을 대상으로 하는 안전 교육도 잘 해 둬야 한다"고 강조합니다.

덕분에 만나는 시사 용어

• 인도적 지원

재난 재해가 일어났을 때 관련 기사들을 읽다 보면 '인도적 지원'이라는 표현을 볼 수 있을 겁니다. 인도적 지원이란, 사람으로서 마땅히 지켜야 할 도리나 도덕에 바탕을 두고 피해자 등을 돕는 것을 뜻합니다. 인도적 지원의 대상이 되는 이들 중에는 노숙자, 난민, 자연재해 및 전쟁 희생자 등 다양한 이들이 있죠. 지금 이 시각, 우리가 관심을 두고 인도적 지원을 해야 하는 곳은 어디일까요?

수리수리 논술이

Q1. '튀르키예 강진'은 왜 일어났을까요? 기사에서 찾아 간략히 정리해 보세요.

Q2. 전 세계가 튀르키예에 온정의 손길을 내밀었습니다. 여러분은 이 나라에 어떤 도움을 주고 싶나요? 기사를 통해 '튀르키예 사람들을 위해 내가 할 수 있는 일'을 써 보세요. 다른 온라인 기사를 참고해도 좋습니다.

....

....

Q3. '튀르키예 강진'에 대한 여러분의 생각이 궁금합니다. 아래 두 친구처럼 자신의 생각을 써 보세요.

튀르키예 사람들이 지진으로 고통받고 있어요

	주장	주장에 대한 이유나 부연 설명
민재	○ '남의 일' 아닌 '우리의 일'이라고 생각해요!	○ 전 세계가 튀르키예에 지원할 수 있는 선에서 최대한의 지원을 했으면 좋겠어요! 튀르키예 강진은 '남의 일'이 아니에요. 어느 나라나 이런 자연재해로 고통받을 수 있으니까요. 사람들이 고통받고 죽어 가는 데 '내 일', '남의 일'을 구분해선 안 되죠.
연우	○ 자연재해 대비를 철저히 해야 해요!	○ 튀르키예 강진은 참 안타까운 일이에요. 이 일을 계기로 우리도 지진 등 재난 상황에 대한 대비를 철저히 하자고 주장하고 싶어요! 자연재해를 막을 수는 없지만 우리들의 노력으로 피해를 줄일 수는 있을 테니까요.

TOPIC
35

문화·스포츠
·············
e스포츠 인기

e스포츠를 스포츠에 넣을까? 말까?

이슈

한국 e스포츠, 항저우 아시안게임 전 종목서 메달

2023년 개최 항저우 아시안게임(AG)에 출전한 한국 e스포츠 대표팀이 전 종목 메달 획득에 성공했습니다. 이로써 대한민국이 e스포츠 강국임을 세계 무대에 당당히 알렸습니다.

한국은 2023년 10월 1일 배틀그라운드(PUBG) 모바일 결선전으로 끝난 아시안게임 e스포츠 종목 도전에서 금 2개, 은 1개, 동 1개를 수확하는 쾌거를 이뤘습니다. 한국은 'FC 온라인' 종목에서 동메달을 따낸 것을 시작으  로 '스트리트 파이터 V'에서 값진 첫 금메달을 따 냈는데요. 이어 세계적인 인기 e스포츠 종목인 '리그 오브 레전드(이하 LoL)'에서 강팀 중국과 대 만을 연달아 꺾고 금메달을 획득했습니다.

e스포츠는 이번 아시안게임에서 처음 정식 종목으로 채택됐습니다. 대한민국 e스포츠 대표팀이 전 종목에서 메달 획득에 성공하면서 국내 e스포츠에 대한 관심도 커지고 있습니다. 대한민국은 높은 인터넷 보급률, 전국적인 PC방 인프라를 기반으로 e스포츠 강국으로 떠올랐는데요. 특히 2011년 이후 글로벌 인기 게임으로 떠오른 LoL을 통해 크게 두각을 드러냈습니다.

한국콘텐츠진흥원은 〈2023년 글로벌 e스포츠 산업 발전 보고서〉를 통해 "항저우 아시안게임 개최, 여성 e스포츠 부상, 신흥시장 잠재력 발굴 등의 요소 덕분에 글로벌 e스포츠 관중 규모는 더 확대되고, 본 산업은 앞으로도 성장세를 유지할 것"이라고 전망했어요. 또한 "e스포츠가 올림픽 정식 종목으로 채택되는 것이 향후 이 분야 발전에서 중요한 화두가 될 것"으로 내다봤습니다.

* 문화/스포츠/연예부 안테나 기자 antenna@책폴.com

온라인 게임으로 승부 겨루는 스포츠

e스포츠는 'electronic sport(전자 스포츠)'의 줄임말입니다. 온라인 게임을 통해 개인·팀 간에 승부를 겨루는 것을 뜻하죠. e스포츠는 1990년대 중반 '둠 시리즈', '퀘이크 시리즈' 등 해외 대회가 열리며 시작됐습니다. 우리나라에서는 1990년대 후반 '스타크래프트'로 e스포츠에 대한 관심이 뜨거워졌습니다. 이후 LoL 및 스트리밍 서비스의 인기에 힘입어 e스포츠는 세계적으로 큰 주목을 받고 있습니다.

'스포츠다 vs. 스포츠 아니다' 찬반 있어요

e스포츠가 아시안게임 정식 종목으로 채택되긴 했지만, 이를 스포츠로 볼 것이냐, 그냥 게임으로 볼 것이냐에 대해선 아직 의견이 분분합니다. 어떤 이들은 "몸 움직임이 많진 않지만, 정신과 신체 능력을 모두 필요로 하고, 기술과 전략을 바탕으로 한다는 점에서 다른 스포츠와 다를 바 없다"고 말합니다. 반면, 어떤 이들은 "물리적 신체 활동이 별로 없으므로 스포츠라고 보는 건 무리다"라고 말합니다. 극한의 신체 능력을 요구하는 다른 스포츠 종목과 앉아서 마우스만 움직이면 되는 종목을 똑같이 취급해선 안 된다는 논리입니다.

　아시안게임 등의 특정 종목을 놓고 그것이 스포츠냐, 아니냐는 논란이 인 건 이번이 처음은 아닙니다. 바둑이 처음 아시안게임 정식 종목이 됐던 2010년 광저우 아시안게임 때도 '바둑이 정말 스포츠가 맞느냐'는 비판 여론이 있었습니다.

카드 게임 '브리지', "스포츠 아냐" 판결 사례도

2015년 영국에선 52장의 플레잉 카드로 두뇌 싸움을 벌이는 브리지 게임을 두고, 스포츠인지 아닌지 법정 다툼까지 벌어진 바 있습니다. 당시 유럽 사법재판소는 "브리지 게임은 스포츠가 아니다"라고 판결했죠. 브리지 게임은 여러 논란 속에서 2018년 자카르타 · 팔렘방 아시안게임에서 처음으로 정식 종목에 편성됐습니다.

덕분에 만나는 시사 용어

• 스포츠 마케팅

e스포츠와 관련한 뉴스를 보면 '스포츠 마케팅'이란 단어를 많이 만날 수 있습니다. 스포츠 마케팅이란, 제품 판매 확대를 위해 스포츠를 다양하게 이용하는 마케팅 기법을 뜻하는 말이죠. e스포츠 대회 때 자동차 후원사 광고가 등장하거나 선수들의 유니폼에 특정 기업 로고가 부착되어 있는 것도 모두 스포츠 마케팅의 한 방식입니다. 스포츠 경기를 볼 때 게임뿐 아니라 그 주변에 마케팅 요소는 없는지 잘 살펴보면 어떨까요?

수리수리 논술이

Q1. 'e스포츠'란 무엇을 뜻하는 말인가요? 기사에서 찾아 간략히 정리해 보세요.

....

....

Q2. 'e스포츠의 올림픽 종목 채택'과 관련하여 어떤 찬반 논란이 있나요? 기사에서 찾아 간략히 정리해 보세요. 다른 온라인 기사를 참고해도 좋습니다.

....

....

Q3. e스포츠에 대한 여러분의 생각이 궁금합니다. 아래 두 친구처럼 자신의 생각을 써 보세요.

e스포츠 경기 인기!

	주장	주장에 대한 이유나 부연 설명
형근	○e스포츠도 당연히 스포츠죠!	○e스포츠가 스포츠가 아니라는 편견을 버려야 해요! e스포츠 선수들은 기본적으로 머리를 많이 쓰지만, 오랜 시간 앉아 있잖아요. 체력을 필요로 하기 때문에 스포츠라고 봐야죠.
민서	○e스포츠가 올림픽 종목이라니… 그건 아니죠!	○e스포츠는 몸보다는 머리를 주로 쓰는 게임이잖아요. 온라인 게임을 무시하는 건 아니지만, 제가 보기에는 일반적인 운동으로 보이지 않아요. 이런 게임이 올림픽 종목이 된다면 컴퓨터 코딩도 종목에 넣어 줘야 하는 거 아닌가요?

TOPIC
36

정치·사회
··················
사회적 참사

반복, 또 반복되는 아픔

이슈

세월호 참사 10년… 눈물 속 선상 추모식

2024년은 세월호 참사가 일어난 지 10년이 되는 해였습니다. 2014년 4월 16일 인천에서 제주로 향하던 여객선 세월호가 진도 인근 해상에서 침몰하면서 승객 304명(전체 탑승자 476명)이 사망·실종된 대형 참사를 많은 국민들이 기억하고 있죠.

2024년 4월 16일. 전남과 경기 안산시를 비롯한 전국 곳곳에서 세월호 희생자 추모 행사가 열렸습니다. 특히, 전남 진도군 세월호 참사 해역 부근에서 열린 선상 추모식에는 많은 이들이 참석했습니다. 10년 전, 세월호에 몸을 실었던 304명의 이름이 불리자 곳곳에서 울음이 터졌습니다.

추모식에 참석한 고(故) 정다혜 양 어머니 김인숙 씨는 "우리 유가족이 가장 두려운 것은 우리 아이들이 잊히는 것"이라며 "더는 저처럼 가족을 잃는 일은 없었으면 한다"고 말했습니다.

추모식에는 이태원 참사 유가족들이 함께 자리해 희생자를 추모했습니다. 이태원 참사 유가족인 이종민 씨는 "10년 전이나 10년 후나 정부가 참사를 다루는 방식은 변하지 않았다"며 "안전 사회 구축 노력을 게을리하면 고통스러운 상황이 계속될 것이다"라고 말했습니다.

한 추모객은 "우리 사회에 사회적 참사가 계속 일어나고 있는데 그 양상들은 다 다르지만, 결국엔 부실한 재난 대응 체계가 드러났다는 데 공통점이 있다"며 "우리 모두에게 이를 잊지 말아야 하는 책임이 있다"고 강조했습니다.

＊ 정치/경제부 이진실 기자 honest@책폴.com
사회/교육부 눈밝음 기자 brighteyes@책폴.com

10년 사이 반복해 일어난 '사회적 참사'

참사란 '비참하고 끔찍한 일'을 의미합니다. 그중에서도 사회적 참사는 사회적인 시스템이 잘못됐거나 시스템이 없어서 벌어진 사건을 말합니다.

세월호 참사 이후 10년간 대형 재난은 반복됐습니다. 2017년 12월 제천 스포츠센터 화재, 2018년 밀양 세종병원 화재, 2022년 이태원 압사 참사, 2023년 오송 지하차도 참사가 일어났습니다.

세월호·이태원… 잊지 말아야 하는 이유

사람들은 사회적 참사가 계속 일어나는 이유를 똑똑히 알고, 잊지 말아야 이런 일이 반복되지 않는다고 강조합니다. 전문가들은 그간 사회적 참사에서 '초동 대응 실패' 등 정부의 부실한 대응을 지적합니다. 실제 이태원 참사, 오송 지하차도 참사 등은 참사가 발생하기 전 112 신고가 여러 차례 있었음에도 관계 기관이 제때 대처하지 못해 인명 피해를 키운 사례입니다.

사회 안전 불감증도 문제로 손꼽힙니다. 안전 불감증은 안전사고에 대한 인식이 둔함을 표현할 때 쓰는 말입니다. 제천 스포츠센터 화재, 밀양 세종병원 화재 등은 모두 안전 규정을 위반하면서 비상구와 방화문이 제 기능을 하지 못하면서 일어났고, 세월호 참사도 화물 과적, 무리한 선체 증축, 조타수의 운전 미숙 등의 문제가 있었습니다.

운이 없어서?'사회문제'로 바라봐야

2023년 12월 16일에는 '재난참사피해자연대'가 공식 발족했습니다. 참사 피해자들이 다른 참사 피해자를 지원하기 위한 상설 기구를 만든 것으로 민·관 통틀어 최초입니다. 센터 설립을 준비해 온 박성현 4·16재단 팀장은 "피해자들의 경험이 '개인의 경험'으로만 남는 게 아니라 '사회의 경험'으로 남겨져야 사회가 보다 안전해질 수 있다"고 강조했습니다.

덕분에 만나는 시사 용어

● **인재**

우리 사는 사회에는 다양한 사건 사고가 일어납니다. 그중에서도 사고·재난의 원인이 개인의 잘못 또는 불운, 자연재해 때문에 있는 것이 아니라 사회적 원인에 있는 참사를 두고 '사회적 참사'라고 하죠. 이렇게 사람의 잘못으로 일어난 사고를 두고, '인재(人災)'라고 말합니다. 사람의 잘못으로 일어난 사고이니만큼 유사한 사고가 더 일어나지 않으려면 사람의 관심과 노력이 필요하겠죠?

수리수리 논술이

Q1. '사회적 참사'란 무엇일까요? 기사에서 찾아 간략히 정리해 보세요.

....

....

Q2. 여러분이 알고 있는 사회적 참사는 어떤 것이 있나요? 기사에서 찾아 간략히 정리해 보세요. 다른 온라인 기사를 참고해도 좋습니다.

....

....

Q3. 세월호 참사가 일어난 지 10여 년이 지났지만, 우리 사회에는 여전히 사회적 참사가 끊이지 않습니다. 이를 바라보는 여러분의 생각이 궁금합니다. 아래 두 친구처럼 자신의 생각을 써 보세요.

사회적 참사가 끊이지 않는데···

	주장	주장에 대한 이유나 부연 설명
진혁	○사람들이 안전 문제를 너무 가볍게 여기는 게 문제예요.	○'이 정도면 괜찮겠지' 하는 생각을 버렸으면 좋겠어요. 안전 문제를 가볍게 여기는 태도가 사라져야 해요. 그리고 안전에 대한 법도 지금보단 강화되어야 한다고 봅니다.
은송	○피해자에 대해서 '운이 나빠서 그렇게 됐다'고 바라보는 태도부터 바꿔야 해요.	○누구나 사회적 참사의 피해자가 될 수 있잖아요. 참사를 '네 일'이라고 생각하지 말고 '우리의 일'이라고 바라봤으면 합니다. 그리고 참사가 왜 일어났는지 문제를 잘 들여다봐야 또 다른 참사가 일어나지 않을 겁니다.

과학

인공강우 기술

짠! 내가 비 내리게 해 줄까?

이슈

비도 만들 수 있는 시대, '인공비' 실험 속도

2024년 5월 2일, 강원 평창군 구름물리선도관측소. 구름 한 점 없는 파란 하늘에 무인기(드론) 한 대가 날아올랐습니다. 지상 30미터 가량 올라간 드론에서 불꽃이 튀며 흰 연기가 피어올랐습니다. "저 연기에 인공 비를 내리게 하는 '구름씨'가 담겨 있습니다." 국립기상과학원 측이 설명했습니다.

'이럴 때 비 좀 내려 줬으면…' 가뭄, 산불 등의 자연재해가 터지면 이런 말이 절로 나옵니다. 우리만의 이야기는 아닙니다. 지구촌 곳곳에서 이상기후 현상으로 극심한 폭염이나 가뭄이 계속되면서 인공 비를 내릴 수 있게 하는 기술이 나오고 있습니다. 이른바 '인공강우' 기술입니다. 인공강우는 구름에 구름씨를 뿌려 구름 성질을 변화시킨 다음 인공적으로 비를 내리게 하는 것을 뜻합니다.

원리는 간단해요. 드라이아이스 같은 구름씨를 구름에 뿌리면 무거워진 얼음 알갱이가 빗방울로 떨어지는 겁니다. 전문가들은 "영하 날씨에는 아이오딘화은, 드라이아이스와 같이 구름 속 얼음 결정을, 영상 날씨에는 염화칼슘, 염화나트륨 등 구름 속 수증기를 잡아당기는 물질을 구름씨로 쓴다"고 설명합니다. 이렇게 다른 물질들과 만난 구름은 몸집을 키워 눈이나 비로 떨어집니다.

이날 실험은 '실패'였습니다. '구름 없는' 하늘은 구름씨를 비로 만들 수 없는 환경이기 때문이죠.

기상청은 2024년 2월 주요 정책 추진 계획에서 "기후 위기로 한반도 산불 위험이 나날이 커지는 가운데 인공강우 실험을 확대하겠다"고 밝힌 바 있습니다.

＊ 국제/과학·환경부 송시야 기자 worldwide@책폴.com

세계 50개국에서 프로젝트 중

인공강우 실험이 최초로 성공한 것은 1946년입니다. 미국 제너럴일렉트릭사 빈센트 섀퍼 박사는 안개로 가득 찬 냉장고에 드라이아이스 파편을 떨어뜨리면 작은 얼음 결정이 만들어진다는 사실을 발견합니다. 이에 착안해 실제 구름에 드라이아이스를 뿌리면 눈을 만들 수 있겠다는 생각을 하죠. 그는 11월 13일 미국 매사추세츠주 바크처 산맥에 올라가 구름에 드라이아이스를 뿌려 봅니다. 5분 뒤 이 구름은 눈송이로 변해 땅으로 떨어졌죠. 현재는 전 세계 약 50개국에서 150개 넘는 인공강우 프로젝트가 진행되고 있습니다. 기후변화로 인한 가뭄과 대형 산불 등을 예방하거나 대기오염을 해결하자는 목적에서죠.

한 지역에만 쏟아지면 어쩌죠?

인공강우에 대한 우려도 많습니다. 한 지역에 비를 충분히 내리면 정작 다른 지역에 비가 내리지 않을 수 있다는 점이 대표적이죠. 구름은 이동하면서 비를 내리게 되는데, 특정 지역에서 구름이 머금고 있던 수분을 모두 써 버리면 다른 지역에서 비를 내릴 수분이 남지 않겠죠.

구름씨로 아이오딘화은, 이산화타이타늄 같은 화학물질을 사용한다는 점에서 환경오염, 인체 유해성 등을 걱정하는 목소리도 나옵니다. 물론 2021년 7월 아랍에미리트에서 구름 속에 화학물질 대신 전기를 쏴서 비를 내리게 하는 실험에 성공했다는 반가운 소식이 들려오기도 했습니다.

아직은 충분한 연구가 필요해요!

인공강우는 미국, 중국, 러시아 등에서 가뭄에 대응하기 위해 활발하게 사용되고 있습니다. 인공강우가 대기질 개선에 효과가 있는지는 아직 명확히 밝혀지지 않았습니다. 인공강우로 미세 먼지가 모두 해소될 만큼 많은 양의 비를 내리게 하기 어렵고, 공기질이 실제로 얼마나 나아지는지에 대한 연구도 더 해 봐야 하는 상황이죠.

덕분에 만나는 시사 용어

● 레인메이커

영어에서 '레인메이커(rainmaker)'는 '행운을 부르는 사람'이라는 의미예요. 원래 레인메이커는 가뭄이 들었을 때 기우제(祈雨祭·비를 내리게 해달라고 하늘에 비는 제사)를 드리는 아메리카 인디언 주술사를 부르는 말이었죠. 레인메이커가 행운과 영향력의 상징이 된 이유는 기우제가 100퍼센트의 확률로 비를 부르기 때문이었어요. '비가 올 때까지' 계속 제사를 드렸기 때문에, 이들의 기우제는 100퍼센트 확률을 보였죠. 현대에 와서 레인메이커는 다른 뜻으로도 쓰이고 있어요. 비 없는 하늘에 인공적으로 비를 만들어 내는 인공강우 전문가를 뜻하는 말로요.

수리수리 논술이

Q1. '인공강우'는 무엇을 뜻하는 말인가요? 기사에서 찾아 간략히 정리해 보세요.

....

....

Q2. 인공강우가 어떤 과정을 거쳐 내리게 되는지 기사에서 관련 내용을 찾아 간략히 정리해 보세요. 다른 온라인 기사를 참고해도 좋습니다.

....

....

Q3. '인공강우 시대'에 대한 여러분의 생각이 궁금합니다. 아래 두 친구처럼 자신의 생각을 써 보세요.

인공적으로 비를 내리게 할 수 있다니!

	주장	주장에 대한 이유나 부연 설명
예나	○인공강우 실험에 투자를 많이 해야 합니다.	○기후 위기 때문에 산불도 많이 일어나고 가뭄도 심하잖아요. 인공강우에 대한 연구거리가 많이 남아 있지만, 이는 반드시 필요한 기술이에요. 산불 등이 일어났을 때 사람이 직접 가서 물로 불을 끄는 건 한계가 있으니까요.
종민	○이상기후, 왜 일어났는지 잊지 말아야죠.	○아무리 인공강우라는 대안이 있어도 산불이나 가뭄 등이 왜 일어나게 됐는지 잊어서는 안 됩니다. 비가 안 오는 건 우리가 그만큼 환경을 많이 훼손했기 때문이잖아요. 애초에 인간의 잘못에서 비롯됐다는 걸 잊지 말아야 앞으로 더 심한 상황도 예방할 수 있을 겁니다.

병원이 멈춰 버렸어요!

2024년 입시부터 의대 정원 2000명 확대

정부가 2024년 입시부터 의과대학 입학 정원을 현재 수준보다 2000명 늘려 모두 5058명을 선발하기로 했습니다. 보건복지부는 2024년 2월 6일 산하 기구인 보건의료정책심의위원회 회의가 끝난 직후 브리핑을 열어 이 내용을 발표했습니다.

의대 정원 증가는 1998년 제주대 의대 신설 이후 27년 만입니다. 2006년 의대 정원이 3507명에서 3058명으로 감소한 후 19년만의 변화죠.

정부 발표에 앞서 대한의사협회 등 의사 단체는 긴급 기자회견을 열었습니다. 의사 단체는 "의대 정원을 늘리면 총파업에 돌입하겠다"며 크게 반발했고, 2월 20일부터 본격적으로 파업에 돌입했습니다.

의사들의 파업으로 병원 현장은 대혼란을 겪고 있습니다. 진료가 지연되고 중증 환자가 아니면 퇴원도 앞당겨야 하는 상황이죠. 처방전이나 진단서 등을 처리할 전공의가 없어서 퇴원 수속도 잘 처리하지 못할 정도로 매우 혼란스러운 모습입니다.

전공의 파업으로 우리나라 대형 병원에 가려던 환자들은 중소형 병원으로 몰리고 있습니다. 민간 병원에서 의료 공백이 본격화되면서 국방부는 12개 군병원의 응급실을 개방해 민간인 환자 진료를 시작했습니다. 정부는 "사태가 길어질 경우 민간 환자들을 위해 외래 진료를 지원하는 방안과 국공립 병원에 군의관 파견까지 추가로 검토하고 있다"고 밝혔습니다.

＊정치/경제부 이진실 기자 honest@책폴.com
사회/교육부 눈밝음 기자 brighteyes@책폴.com

부족한 의사 수, 서울에 몰려 있기도

정부가 의대 정원을 확대하려는 이유는 현재 의사 수가 매우 부족한 상황이고, 특히 인구당 서울과 타 지역의 의사 수의 차이가 계속해서 벌어지고 있기 때문입니다.

2022년 우리나라 의사 수는 국민 1000명 당 2.6명. 여기서 한의사를 제외하면 2.2명입니다. 이는 경제협력개발기구(OECD) 끝에서 두 번째 수준입니다. 인구 1000명당 의사 수는 한의사 포함 서울이 3.54명으로 가장 많습니다. 이어 광주(2.67명), 대구(2.67명), 대전(2.64명), 부산(2.55명)순인데요. 이외 지역은 전국 평균 2.22명보다 적습니다.

고령화 저출생 고려해야 vs. 전문성 떨어질 수도

의대 증원에 찬성하는 이들은 "고령화가 빠르게 진행되고 있고, 저출생 문제도 심각한 상황에서 의료 서비스가 필요한 사람들은 늘어날 것이고, 이에 따라 의사 수를 늘려야 한다"고 말합니다.

의사협회 등은 의사 수가 부족하다는 이유가 타당하지 않다고 합니다. 한국의 인구 1000명당 활동 의사 숫자(2.6명)는 OECD 평균(3.6명)에 미치지 못하지만, 지난 10년간 연평균 증가율(2.84퍼센트)이 OECD 평균(2.19퍼센트)보다 높기에 현재 상태를 유지해도 문제가 없다고 강조합니다. 또한, "의대 정원을 늘리다 보면 의료 수준 및 전문성이 떨어질 수 있다"고 지적합니다.

일본은 '지역 틀' 적용해 의사 선정

고령화가 전 세계적 문제로 떠오른 가운데 다른 나라도 의대 정원을 확대하고 있습니다. 일본은 지역 의료 수요를 추계한 후 '지역 틀'을 적용해 지난 10년간 의사 인원을 늘렸습니다. 의대 입시에서 일정 기간 특정 지역에서 특정 진료과를 진료하는 것을 조건으로 학생을 선발하는 것이 바로 '지역 틀'입니다.

덕분에 만나는 시사 용어

• 파업

'노동자 총파업', '파업 시작…노동자 거리 행진' 사회, 정치 분야 기사를 읽다 보면 '파업(罷業)'이라는 단어를 많이 만나 볼 수 있죠? 한자로 '그만둘 파', '일 업'. 파업은 노동자들이 자신들의 요구 사항을 실현하기 위해 집단적으로 생산 활동이나 업무를 중단하는 것을 뜻하는 말입니다. 사안에 따라 파업의 이유는 굉장히 다양합니다. 이번에 의사들은 어떤 배경에서 파업을 했을까요?

수리수리 논술이

Q1. 정부가 의대 정원을 확대하기로 한 이유는 무엇일까요? 기사를 잘 읽고 간략히 정리해 보세요.

....

....

Q2. 다른 나라와 비교할 때 우리나라 의사 수는 어느 정도 규모일까요? 기사에서 관련 내용을 찾아 간략히 정리해 보세요.

....

....

Q3. 의대 정원 확대에 대해서는 찬반 의견이 나뉩니다. 여러분 생각은 어떤가요? 아래 두 친구처럼 자신의 생각을 써 보세요.

의대 정원, 늘리는 게 맞을까요?

	주장	주장에 대한 이유나 부연 설명
은혁	○확대해선 안 된다고 생각해요.	○의사가 되려면 공부도 잘해야 하고, 전문적인 지식도 있어야 하는데 의대 들어갈 수 있는 문을 넓혀 두면 지식과 전문성이 떨어지는 사람들이 의사가 될 수도 있잖아요.
은정	○확대하는 데 찬성합니다!	○노인 인구가 늘면서 병원을 찾아야 하는 사람들도 많아졌는데 의사 수는 부족합니다. 서울 외에 다른 지역은 상황이 더 안 좋다고 들었어요. 지역에 배치되는 것을 조건으로 의사 정원을 늘려서 지역 사람들이 진료를 제대로 받게 해야죠.

국제·환경

미세 플라스틱

플라스틱 줄이자는 데 의견 일치가 안 되네…

이슈
부산서 열린 세계 플라스틱 협약, 합의 불발

플라스틱이 사람에게, 환경에 안 좋다는 얘기는 하루 이틀 나온 게 아니죠. 이런 상황에서 플라스틱 협약 마련을 위해 국제적인 회의가 열렸지만, 끝내 협약을 마련하지 못한 채 폐회했습니다.

2024년 12월 2일 부산에서 열린 '제5차 정부간 협상위원회(INC-5)'(이하 회의)는 산유국들의 반대로 최소한의 선언적 협약도 없이 무산됐습니다.

국제사회는 2022년 5월 제5차 유엔환경총회(UNEA)에서 플라스틱 오염에 대응하기 위해 법적 구속력 있는 국제 협약을 2024년 말까지 마련하기로 했습니다. 이번 회의가 마지막 논의 자리였죠. 이번 회의 주최국이 한국이었다는 점에서 우리나라 입장에선 특히 더 아쉽다는 얘기가 나옵니다.

178개 회원국이 참가한 회의는 유엔기후변화협약(UNFCCC) 당사국총회와 함께 환경 분야에서 가장 중요한 국제회의로 꼽힙니다. 회의에선 '플라스틱 또는 1차 플라스틱 폴리머 생산을 규제하자'는 것이 주요 쟁점이었지만, 사우디아라비아 등 소수 산유국이 규제를 극구 거부한 것으로 알려졌습니다. 플라스틱 폴리머란, 화석연료에서 추출한 플라스틱 원료를 말합니다. 반면 '협약 체결 뒤 첫 당사국 총회 때 1차 폴리머의 생산을 지속가능한 수준으로 줄일 지구적 목표를 담은 부속서(외교적인 교섭에서 일정한 효력을 지닌 문서)를 채택하자'는 조항을 지지한 국가는 100여 곳에 달했습니다.

회원국들은 이번 회의에서 나온 논의를 기반으로 2025년 추가 회의(INC-5.2)를 열 예정입니다.

＊ 국제/과학·환경부 송시야 기자 **worldwide@책폴.com**

암 유발하는 5밀리미터 미만 플라스틱 조각

미세 플라스틱이란 5밀리미터 미만 크기의 작은 플라스틱 조각을 말합니다. 미세 플라스틱은 크기가 매우 작아 하수 처리 시설에 모두 걸러지지 않고 바다와 강에 그대로 유입된다고 해요. 암을 유발하는 물질로도 유명하죠. 플라스틱 오염 문제는 기후변화처럼 인류 공동의 과제가 된 지 오래입니다.

경제협력개발기구(OECD)에 따르면, 전 세계에서 생산되는 플라스틱은 매년 4억 6000만 톤입니다. 이 중 99퍼센트는 화석연료에서 추출한 화학물질로 만들어져요. 폐플라스틱 재활용률은 9퍼센트에 불과합니다. 91퍼센트는 매립·소각되거나 쓰레기로 버려지죠.

산유국 중심으로 "생산 멈추는 건 반대!"

플라스틱 문제가 심각해지면서 플라스틱 생산부터 폐기까지 전 과정에 걸쳐 국가 간 규제를 도입하자는 목소리가 힘을 얻고 있습니다. 지금까지 우루과이, 프랑스, 케냐, 캐나다에서 4차 회의가 열렸지만, 합의에 이르기까지는 갈 길이 멀긴 하죠.

각국은 플라스틱을 폐기하는 단계에서 재활용을 강화하자는 등의 안건에는 대체로 공감하지만, 플라스틱 생산 단계에 대한 규제에는 산유국 등이 거부를 하는 상황입니다. 산유국들은 석유에서 추출하는 1차 플라스틱 폴리머 규제가 도입되었을 경우 자신들이 경제적 타격을 받을 것을 우려합니다.

소극적인 태도로 일관하는 우리나라

우리나라는 미국, 중국, 사우디아라비아, 인도와 함께 세계 5대 플라스틱 폴리머 생산국입니다. 이번 회의 도중 파마나 측이 '첫 당사국 총회 때 1차 플라스틱 폴리머 감축 목표를 담은 부속서를 채택하는 방안'을 제안했고, 100여 개 국가가 지지했지만, 우리나라는 서명하지 않았는데요. 국내외 환경 단체들은 이번에 한국이 협약 마련에 소극적인 자세를 보였다는 점을 비판했습니다.

덕분에 만나는 시사 용어

● 플라스틱 어택

플라스틱 문제를 풀기 위해선 생산자뿐 아니라 소비자도 태도를 바꿔야 해요. 그래서 나온 시민운동이 바로 '플라스틱 어택(plastic attack)'이죠. 이는 시민들이 물건 계산을 마친 후 플라스틱 용기와 비닐을 바로 제거해 매장에 돌려주는 퍼포먼스를 뜻합니다. 2018년 영국에서 시작해 전 세계적으로 확산했어요. 첫 플라스틱 어택을 벌였던 영국의 유통업체 테스코는 시민들의 의견을 수용해 2025년까지 100퍼센트 재활용되거나 생분해되는 포장재를 도입하겠다는 방안을 밝혔는데요. 우리나라에도 한 제과 업체가 빵칼을 요청하는 고객에게만 제공하도록 매뉴얼을 바꾼 사례가 있다는 거 아시나요?

수리수리 논술이

Q1. '미세 플라스틱'이란 무엇인가요? 기사를 읽고, 간략히 정리해 보세요.

....

....

Q2. '제5차 정부간협상위원회(INC-5)'가 무산된 이유는 무엇인가요? 기사를 읽고, 관련 내용을 정리해 보세요. 기사에 언급된 내용에 더해 인터넷에서 다른 사례들도 더 찾아보세요.

....

....

Q3. '제5차 정부간협상위원회(INC-5) 무산' 관련 뉴스를 보며 여러분은 어떤 생각을 했나요? 아래 두 친구처럼 자신의 생각을 써 보세요.

미세 플라스틱이 문제네요, 문제!

	주장	주장에 대한 이유나 부연 설명
태연	○산유국 등이 비판을 받아야 할 일입니다!	○저는 미세 플라스틱 생산으로 이득을 얻는 국가들이 크게 비판을 받아야 한다고 생각합니다. 돈도 중요하지만 지금처럼 미세 플라스틱을 마구 생산하고, 사용하다 보면 다 같이 죽게 될 수도 있잖아요. 산유국들의 태도가 이기적이에요.
초희	○소비자의 의식도 바꿔야 해요!	○미세 플라스틱을 생산하는 것도 잘못이지만, 이를 소비해 주는 사람들이 있으니까 계속 이런 제품들이 나오는 거잖아요. 소비자들도 덜 쓰려고 노력해야죠.

기사 똑똑하게 읽는 법

Q. 한쪽 얘기만 들었다고요?

신문을 발행하는 미디어 회사들은 사안에 따라 각기 다른 관점으로 기사를 쓰기도 합니다. 만약 어떤 사건·사고가 터졌다고 할 때 한쪽 기사만 본 사람은 그 기사를 발행한 곳의 논리로만 사건·사고의 맥락을 해석하기 쉬워요.

그런 점에서 같은 사안이어도 두 군데 이상 매체에서 발행한 기사를 비교하며 읽어 보는 것이 좋습니다. 세 군데, 네 군데 이렇게 더 다양한 곳의 기사를 읽어 보면 더욱 좋고요. 다양한 관점의 기사를 읽으며 우리가 해야 할 일은 뭘까요? 그것은 바로 우리만의 논리적인 생각(관점)을 가져 보는 것입니다.

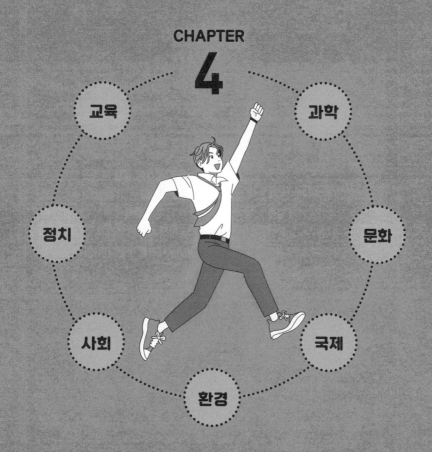

CHAPTER

4

교육

과학

정치

문화

사회

국제

환경

문화·연예

학폭 연예인
출연 금지

'학폭 연예인'이 나와서 되겠어?

이슈

인기 드라마 출연 배우, 학폭 가해자로 지목

최근 인기리에 종영한 드라마에 출연한 배우 K 씨가 과거 학교 폭력(이하 학폭) 가해자로 지목되면서 연예계가 시끄럽습니다.

2024년 3월 8일 방송된 JTBC 〈사건반장〉에서 제보자 A 씨는 K 씨를 포함한 동급생 3명으로부터 집단 폭행을 당했다고

주장했습니다. A 씨는 "K가 손과 발로 직접 폭력을 행사했다"고 밝혔습니다. 그는 "그 이후 징계위원회가 열렸고, 강제 전학을 간 건 너무 확실해서 저희 동창들은 다 알고 있을 것이다"라고 말했습니다. 제보자는 "금전적 보상은 바라지 않는다. 다만 폭행을 저지른 이유에 대해 듣고 싶고, 진정성 있는 사과를 바란다"라고 뒤늦게 폭로에 나선 이유를 전했습니다.

유명인의 학폭 논란은 2021년 몇몇 운동선수들의 학창 시절이 폭로된 것을 시작으로 연예계로 옮겨졌습니다. 학폭 논란의 주인공은 작품 하차는 물론 잠정적인 활동 중단으로 이어졌죠. '학폭' 꼬리표가 붙은 배우가 주연을 맡은 드라마나 영화 등이 기약 없이 공개가 미뤄지는 일도 일어났습니다.

이번 K 씨의 학폭 논란으로 그가 주연을 맡은 드라마도 불똥을 맞았습니다. 이 드라마는 2022년 8월 이미 촬영을 마쳤으나, K씨 뿐 아니라 상대 배우 J 씨 역시 2021년 학폭 의혹에 휘말린 바 있습니다. 이런 분위기 속에서 제작사와 방송사는 방송 공개 시점을 정하지 못하는 상황입니다.

＊ 문화/스포츠/연예부 안테나 기자 antenna@책폴.com

고발과 폭로는 SNS, 커뮤니티를 타고

'학교 때 학폭으로 유명했어요', '10년 전 당했던 기억을 잊을 수가 없습니다', '연기자는 연기자, 가증스러운 민낯을 잘 숨기고 사네요'

연예인을 비롯한 유명인의 과거 학폭 사실을 고발한 글들입니다. 최근 연예인을 비롯한 유명인의 과거 학폭 사실은 SNS나 온라인 커뮤니티를 중심으로 제보되는 현상이 두드러집니다. 전문가들은 "온라인 게시판과 SNS를 활용하는 사람들이 늘면서 이런 채널에서 유명인들의 미담을 비롯해 부적절한 행동 등을 고발하는 문화도 생겨났다"고 말합니다.

이제라도 벌받아야 vs. 하차까지 해야 하나?

사람들 사이에선 "학폭을 저질렀던 연예인들은 방송 출연을 금지시켜야 한다"는 말이 나옵니다. "과거의 일이어도 자신이 한 일에는 책임을 져야 한다"는 것입니다. 이런 단호한 조처가 학폭이 얼마나 나쁜 행동인지를 알리는 사회적 경고가 될 거라고 보는 이들도 있습니다.

"가해 사실이 있으면 진정성 있는 사과를 하거나 그에 맞는 처벌을 받으면 되지 업계에서 퇴출당하는 건 너무 가혹한 거 아닌가?" 이런 입장도 있습니다. 과거 학창 시절에 벌어졌던 일들을 두고 현재 직업인으로 활동하는 이에게 불이익을 주는 것이 적절하느냐는 의문이죠. 한편, "사실인 경우도 있겠지만 내용이 부풀려지는 일도 있다"며 "익명 제보 하나만 믿고 무조건 가해자로 몰아가는 '마녀사냥'도 주의해야 한다"고 말하는 이들도 있습니다.

유명인, 능력에 더해 '도덕성' 중요한 시대

연예인의 과거 학폭 폭로와 이에 대한 뜨거운 관심은 연예인에게 인기에 걸맞은 인성과 도덕성을 갖추길 바라는 대중의 마음을 비춰 줍니다. 연예인이라는 직업이 그만큼 많은 이들에게 영향을 끼칠 수 있는 위치에 있다는 사실을 말해 주기도 합니다.

한편, 연예인의 학폭 문제가 불거질 때마다 방송사나 프로그램 제작사는 난처해집니다. 관련해 방송계에서는 연예인의 학폭 문제를 중재하는 조직이 생겼으면 좋겠다는 말까지 나오고 있습니다.

덕분에 만나는 시사 용어

● **학폭 미투**
학교 폭력을 고발하는 사례가 늘면서 '학폭 미투'라는 단어가 오픈 사전에 올라가기도 했습니다. 이 말은 '학교 폭력'의 줄임말인 '학폭'과 성폭력 고발 운동을 이르는 '미투'를 합친 말로, '학교 폭력 고발 운동'을 뜻합니다.

수리수리 논술이

Q1. 연예인의 과거 학폭 문제가 세상에 드러나게 된 데는 어떤 문화적 배경이 있을까요? 기사를 읽고 관련 내용을 간략히 써 보세요.

....

....

Q2. 대중들이 연예인의 과거 행동에 대해 특별히 관심을 갖는 이유는 뭘까요? 기사를 잘 읽고, 여러분의 생각을 정리해 보세요.

....

....

Q3. '연예인의 과거 학폭'에 대해 여러분은 어떤 생각을 갖고 있나요? 아래 두 친구처럼 자신의 생각을 써 보세요.

연예인의 과거 학폭, 어떻게 생각해요?

	주장	주장에 대한 이유나 부연 설명
지혜	○프로그램에서 하차해야 합니다!	○대중들의 사랑을 받는다는 건 그만큼 영향력이 있다는 얘기니까 자신의 과거 행동에도 책임을 져야죠. 프로그램에서 당연히 하차해야 한다고 생각해요!
민준	○적절한 처벌만 받는다면, 하차는 과해요!	○어릴 때 실수로 잘못을 저지를 수도 있잖아요. 어느 정도의 학폭이었는지 수사해서 적절한 처벌을 받으면 되지 않을까요? 드라마나 영화에서 하차시키면 아무 죄 없는 제작사나 스태프들까지 피해를 보게 되는데…. 아, 물론 학폭 가해자를 옹호한다는 말은 전혀 아닙니다!

사회
································
교사들의
극단적 선택

선생님을 죽음으로 내몰지 말아 주세요

이슈
학부모 '갑질'에 극단 선택까지 한 교사들

2023년 7월 18일 서울의 한 초등학교 교사가 학교 안에서 극단적인 선택을 한 것이 알려지면서 사회적 파장이 커졌습니다.

해당 교사는 학급에서 한 학생이 자신의 가방을 연필로 찌르려는 상대 학생을 막으려다가 이마에 상처를 입힌, 이른바 '연필 사건'으로 학부모의 지속적인 민원을 받아 온 것으로 알려졌습니다.

이런 상황에서 2021년 6월과 12월 경기도 한 초등학교에 근무하던 두 교사가 각각 자택 인근에서 숨진 채 발견된 사건도 조명받았습니다. 당시 학교 측은 두 교사가 각각 추락사로 사망한 것으로 교육청에 보고했지만, 유족 측은 "두 교사가 사망 직전까지 학부모의 악성 민원에 시달렸고, 학교 측은 책임을 회피했다"고 주장했습니다.

경기도교육청에 따르면 두 교사 중 A 교사의 교실에선 2016년 6월 수업 시간에 한 학생이 커터 칼로 페트병을 자르는 과정에서 손을 다쳐 학부모 민원이 발생했습니다. 이 학부모는 2017년, 2019년 등 총 2차례에 걸쳐 경기도학교안전공제회로부터 보상을 받았지만, 교사로부터 총 400만 원의 치료비를 따로 챙겼습니다. 이후 2019년에도 치료를 이유로 교사에게 연락한 것으로 드러났죠.

교사들의 연이은 극단 선택에 현장 교사들은 문제 해결을 촉구하며 9월 4일을 '공교육 멈춤(정상화)의 날'로 선언하고, 휴무에 들어갔습니다. 9월 2일 서울 여의도 국회대로 인근에서 열린 '50만 교원 총궐기' 추모 집회엔 주최 측 추산 20만 명이 참석했습니다.

＊ 사회/교육부 눈밝음 기자 brighteyes@책폴.com

학부모 민원 혼자 해결해야 하는 교사들

교사들의 극단적 선택의 배경에는 '학부모의 갑질'이 있었습니다. 교사들은 이번 사건을 두고 "학부모 민원을 중심으로 각종 악성 민원을 교사혼자 해결해야 하는 게 현실"이라고 입을 모았습니다. 전국교직원노동조합이 2023년 7월 공개한 설문 조사(1만 4450명 대상)를 보면, 학부모의 민원이 발생했을 때 '교육청·관리자 등으로부터 어떤 도움도 받지 못했다'고 답한 교사가 30퍼센트 가까이 됐습니다.

'내 아이만' 우선시하는 문화도 문제

교사들을 극단적인 상황까지 몰고 간 원인에 대해 '내 아이 지상주의'가 적지 않게 영향을 끼쳤을 거라는 의견도 나왔습니다. 남의 자식이야 어찌 되든 말든 내 자식만 보호하면 되고, 잘되면 된다는 생각이 영향을 끼쳤다는 얘기죠.

교사들의 안타까운 사망 사건이 계속되자 국회는 2023년 9월 〈교권 4법〉을 통과시켰습니다. 이 법에는 학부모가 목적이 정당하지 않은 민원을 반복적으로 제기하는 행위, 교원의 법적 의무가 아닌 일을 지속적으로 강요하는 행위 등 학부모의 악성 민원을 '교육 활동 침해 유형'으로 넣었습니다. 또한, 학교장은 교육 활동 침해 행위를 축소하거나 은폐할 수 없고, 이를 위반할 경우 징계를 받는다는 내용도 더해졌죠.

<학생인권조례> 때문에 일어났을까요?

한쪽에선 〈학생인권조례〉 때문에 '교권 침해'가 늘었다고 말합니다. 〈학생인권조례〉는 학교 교육 과정에서 학생의 존엄과 권리가 보장될 수 있도록 각 교육청에서 제정한 조례를 뜻하죠. 그런데 이번 일을 〈학생인권조례〉 탓으로 돌리는 건 논리가 약하다는 의견이 많아요. 〈학생인권조례〉가 경기(2010년), 광주(2011년), 서울(2012년), 전북(2013년)에 만들어진 시기에 교권 침해 사례는 전국적으로 5배 가까이 늘어났지만, 그 뒤로는 감소하는 추세를 보여 주고 있기 때문이죠.

덕분에 만나는 시사 용어

• 교권, 〈학생인권조례〉
'교권'이란, 교사의 권위, 권리, 권한을 의미하는 말입니다. 우리나라에서 '교권'이라 하면 학생 교육을 위해 법에서 인정한 '교사의 교육할 권리'를 뜻합니다. 〈학생인권조례〉는 학생의 존엄과 가치 및 자유와 권리를 보장하기 위해 제정한 조례죠. 앞서 나온 통계가 말해 주듯 "〈학생인권조례〉 때문에 교권이 침해를 받았다"는 말에 대한 근거는 없어 보여요. 오히려 전문가들은 "교사들이 교육 활동 중에 학생들의 인권을 존중하지 않는 경우 학생들 역시 교사들의 권리를 존중하지 않을 가능성이 크다"고 말하기도 합니다.

수리수리 논술이

Q1. '공교육 멈춤의 날'이 나온 이유는 무엇일까요? 기사에서 찾아 간략히 정리해 보세요.

....

....

Q2. '교사들이 극단적인 선택을 하게 된 배경'으로는 무엇이 손꼽히고 있을까요? 기사에서 찾아 간략히 정리해 보세요. 다른 온라인 기사를 참고해도 좋습니다.

....

....

Q3. '학부모 갑질과 교사들의 극단적 선택'에 대한 여러분의 생각이 궁금합니다. 아래 두 친구처럼 자신의 생각을 써 보세요.

고통받는 선생님이 늘고 있어요!

	주장	주장에 대한 이유나 부연 설명
민진	○교사 혼자 감당하는 분위기가 바뀌어야 해요!	○일이 터졌을 때 선생님 혼자 끙끙 앓게 한다면, 학교 동료 선생님이나 관리자 선생님은 왜 계시는 건가요? 학부모에게 갑질을 당한 선생님이 혼자 고민할 게 아니라 학교 교장, 교감 선생님과 상의하고 방법을 찾을 수 있게 도와주는 문화가 있어야 한다고 생각해요.
종호	○학부모들의 이기심이 문제입니다!	○요즘 학부모들이 자기 아이만 최고라고 생각하고 같은 반 아이들이나 선생님에게 함부로 대한다는 얘기를 많이 들었어요. 학부모들을 대상으로 배려심을 키우는 교육을 나라에서 실시했으면 좋겠어요.

정치·국제

대북 전단
vs. 대남 풍선

북한에서 왜 BTS 노래가?

이슈
북한 살포 '오물 풍선'으로 차량·주택 파손

2024년 5월 28일 북한이 남쪽으로 오물 풍선을 날려 보냈습니다. 떨어진 내용물을 확인한 결과 폐전선, 거름, 폐지 및 담배꽁초 등 각종 생활 쓰레기가 들어 있었죠. 북한은 이날을 시작으로 7월 24일까지 모두 10차례에 걸쳐 오물·쓰레기 풍선을 남쪽으로 보냈는데요. 이로 인해 차량과 주택이 파손되는 등의 위험한 상황이 발생하기도 했어요.

북한의 오물 풍선은 우리 측의 '대북 전단' 살포에 대한 맞대응 차원에서 이뤄진 것으로 알려졌습니다. 대북 전단은 우리나라 탈북민 단체가 북한 체제를 비판하는 전단을 날려 보낸 걸 의미하죠.

북한은 2020년 6월에도 대북 전단 살포에 대한 우리 정부의 대응을 문제 삼으며 개성 남북공동연락사무소를 폭파했습니다. 이에 문재인 정부가 2021년 3월 대북 전단 살포를 금지하는 법을 시행했으나 2023년 9월 헌법재판소는 해당 법이 "표현의 자유를 침해한다"고 판단했습니다. 이후 민간단체는 다시 대북 전단을 뿌리고 있습니다.

유엔군사령부(유엔사)는 5월 30일 "지역 주민에게 해를 끼칠 수 있는 오물을 실은 대량의 풍선을 보내는 이 군사적 행동이 공세적이고 비위생적일 뿐 아니라 정전협정 위반을 구성한다"고 말했습니다. 북한의 오물 풍선 살포가 이어지자 6월 9일 한국 정부는 대북 확성기 방송을 다시 시작했습니다. 이는 2018년 4월 판문점 선언에 따라 확성기를 철거한 지 6년 만의 일입니다.

＊정치/경제부 이진실 기자 honest@책폴.com
국제/과학·환경부 송시야 기자 worldwide@책폴.com

가요 · 국제 뉴스 방송하는 대북 방송

대북 확성기 방송은 말 그대로 북한에 있는 주민을 대상으로 남한에서 보내는 메시지입니다. 분단 초기 남북한의 유일한 소통 수단이었죠. 이는 남북한이 자신의 체제를 옹호하고 상대 체제를 전복하기 위한 심리전 형태로 활용됐다고 해요. 방송을 통해선 한국 가요나 국제 뉴스 등이 송출되기도 합니다.

북한군과 인근 북한 주민을 혼란스럽게 만들 수 있는 만큼, 북한은 대북 확성기 방송을 매우 불편해하죠. 참고로 우리 군이 6월 9일 재개한 대북 확성기 방송에선 국제 정세와 대한민국의 발전상, 기상 정보, 방탄소년단(BTS) 등 한류 스타의 노래가 약 2시간 동안 송출됐습니다.

국민 안전 먼저 고려했어야 해요!

오물 풍선 사건에 대응하는 의미로 우리 정부가 대북 확성기 방송을 한데 대해 우려의 목소리도 들려옵니다. 전문가들은 "국민의 안전을 지키는 조치를 먼저 마련한 다음 공격 태세 등을 하는 게 맞다"고 입을 모읍니다. 특히, 대북 확성기 방송에 대해 북한이 워낙 민감한 만큼 이번 결정이 군사분계선 일대의 긴장을 고조시킬 수 있는 선택이라고 걱정하는 이들이 많아요. 정부의 이번 반격이 오히려 안전을 위협할 수 있다는 이야기죠.

접경지역 주민 안전은 어디에?

북한의 오물 풍선 살포는 용인할 수 없는 행위지만 그 이유가 일부 탈북민 단체가 보낸 대북 전단 탓이라는 점에 주목하자는 얘기도 있어요. 실제 북한 김여정 노동당 부부장은 담화를 통해 대북 전단을 비난하며 "계속될 경우 우리의 대응 방식의 변화가 불가피하게 제기될 것"이라고 말했습니다. 이런 이유로 일부 탈북민 단체가 주장하는 '표현의 자유'가 남북 접경 지역 우리나라 국민들의 생명과 안전보다 중요하느냐는 비판도 나오고 있죠.

덕분에 만나는 시사 용어

● 표현의 자유

북한이 오물 풍선을 우리 측에 자꾸 보내는 데는 대북 전단이 큰 역할을 했어요. 대북 관련 전단은 흔히 일본식 표현인 '삐라'라고 불려 왔죠. 우리 정부가 2021년 〈대북전단금지법〉을 시행했지만 이후 헌법재판소는 이 법이 '표현의 자유'를 침해한다고 판단했다('이슈' 참고)고 했죠? 여기서 표현의 자유란, 자신의 생각, 의견, 주장 따위를 아무런 억압 없이 외부에 나타낼 수 있는 자유를 의미해요. 이는 민주주의 국가에서 핵심이 되는 권리 중 하나죠. 하지만 표현의 자유를 어디까지 인정할 것인지는 논란이 많아요. 탈북민 단체의 대북 전단 살포에 대해 논란이 많은 것처럼 말이죠.

수리수리 논술이

Q1. 북한은 어떤 배경에서 남쪽에 오물 풍선을 보낸 걸까요? 기사에서 찾아 간략히 정리해 보세요.

....

....

Q2. 북한이 대북 확성기 방송을 불편해하는 이유는 무엇일까요? 기사를 읽고 간략히 정리해 보세요.

....

....

Q3. '오물 풍선과 대북 확성기 방송'에 대한 여러분의 생각이 궁금합니다. 아래 두 친구처럼 자신의 생각을 써 보세요.

북한에서 오물 풍선이 또 날아왔어요…

	주장	주장에 대한 이유나 부연 설명
성훈	○국제사회가 나서서 북한을 강하게 비판해야 해요!	○오물 풍선이라뇨! 대북 전단은 사람들을 해치지 않지만 오물 풍선은 사람들을 위협하잖아요. 이번 일로 차가 파손됐다는 뉴스도 봤어요. 사람이 크게 다치거나 죽으면 어떻게 해요.
미현	○탈북민 단체 의견보다 국민의 안전이 더 중요해요!	○우리 정부가 탈북민 단체를 설득해서 더 이상 대북 전단을 뿌리지 않게 해야 합니다. 국민의 안전보다 탈북민 단체의 의견이 더 중요하진 않잖아요.

TOPIC 43

경제 ....
고물가

치킨·과자,
이제 못 먹는 건가요?

일상 먹을거리·생활필수품… 줄줄이 가격 오른다

물가가 고공 행진 중입니다. 과자 등 먹을 거리를 비롯해 생리대와 같은 생필품 가격이 뛰고 있습니다.

2024년 4월 18일 식품·유통·외식 등 업계에 따르면 롯데웰푸드는 다음 달부터 '빼 빼로' 등 과자와 초콜릿을 비롯해 아이스크림까지 17종 제품 가격을 평균 12퍼센트 인상합니다. 다른 제과업체들도 인상 시기를 저울질하는 분위기입니다.

제과업체 관계자들은 원재료 가격의 상승에 따른 부담을 토로합니다. 한 제과업체 관계자는 "최근 1년 사이 초콜릿에 들어가는 코코아 가격이 10배 이상 뛰었다"며 "정부의 인상 자제 요청을 더는 버티기가 힘들었다"고 말했습니다. 실제 설탕 원료인 원당 값도 상승 중입니다.

치킨업체들도 가격 인상을 선포했습니다. 굽네는 4월 15일부터 9개 제품 가격을 일제히 1900원씩 올렸습니다. 파파이스도 치킨 등을 평균 4퍼센트(100~800원) 인상했습니다. 치킨 업계 관계자는 "지난해 가격을 올린 교촌과 bhc는 물론 비비큐도 물가 인상과 인건비, 배달 수수료 등 비용 상승 압박에 시달리고 있다"고 밝혔습니다.

생활필수품 가격도 줄줄이 오를 예정입니다. 편의점에 따르면, 생리대, 섬유 유연제의 가격도 최대 33퍼센트까지 오릅니다.

＊ 정치/경제부 이진실 기자 honest@책폴.com

수요 많은데 공급이 따라 주질 않으니…

물건을 사려는 사람(수요)은 많은데 물건(공급)이 없을 때 물건 가격은 올라갑니다. 분야별로 이런 물건이 많을수록 물가 상승률도 높아지죠. 이렇게 지속적으로 물가가 오르는 현상을 '인플레이션'이라고 합니다. 여름철 폭염과 홍수로 채소·과일 가격이 급등할 때, 중동 지역에 전쟁이 일어나 석유 공급에 차질이 생겼을 때 인플레이션 현상이 심해질 수 있습니다. 최근 주목할 점은 설탕, 코코아, 식용유 등 먹을거리 필수 재료의 가격이 상승했다는 겁니다.

원재료 가격은 오르고, 원화 가치는 떨어져

최근 물가 상승의 원인은 여러 가지가 있습니다. 전문가들은 원·달러 환율(미 1달러와 교환되는 원화의 양)이 상승하여 원화 가치가 떨어졌음을 주요 이유로 꼽습니다. 우리나라 식품 원재료 대부분은 수입에 의존하고 있습니다. 환율이 오르면 원재료 수입 가격이 오르고, 결국 식품 가격도 오를 수밖에 없죠.

기후 위기로 인해 식품의 주요 원재료 생산량이 줄었고, 그에 따라 원재료 가격이 올랐다는 점도 무시할 수 없습니다. 한 예로, 전 세계 카카오의 70퍼센트 이상을 생산하는 아프리카 지역은 기후 위기로 인해 재배 면적이 감소하며 생산량이 줄어들었습니다.

물가가 오르면 금리도 함께 오릅니다. 금리란, 은행에서 빌려준 돈이나 예금 따위에 붙는 이자율을 뜻합니다. 2024년 하반기까지 물가가 치솟자 한국은행 금융통화위원회는 10월 11일 기준 금리를 3.50퍼센트에서 3.25 퍼센트로 0.25퍼센트 포인트 내렸습니다. 이렇게 되면 가계와 기업이 은행에서 좀 더 쉽게 돈을 빌릴 수 있고, 빌린 돈으로 소비를 늘릴 수 있습니다. 기업은 각종 투자를 해 볼 여력이 생길 거고요.

덕분에 만나는 시사 용어

● **가성비**

'고물가에 가성비(價性比) 높은 제품 소비 늘어', '가성비 높은 추석 선물 세트'
고물가 시대에는 이런 제목의 기사들도 많이 볼 수 있죠? '가성비'라는 말. 일상에서도 많이 들어 본 말일 거예요. '가성비'는 '가격 대비 성능'의 줄임말이에요. 가격 대비 성능이 좋은 제품을 뜻하는 말이죠. '가성비 높은 추석 선물 세트'라고 하면, 가격 대비 내용물이 꽤 알찬 선물이라는 뜻이에요.
'가심비'라는 말도 있어요. 가격에 '마음 심(心)'을 더한 말로, 가격 대비 심리적인 만족감을 중시하는 소비 형태를 뜻해요. 가성비를 따지는 이들은 가격이 상대적으로 저렴한 걸 고르고, 가심비를 따지는 소비자는 조금 비싸더라도 자신이 만족하는 물건을 구매한다고 해요. 여러분은 물건을 살 때 가성비 또는 가심비 중 어떤 것을 더 고려하나요?

수리수리 논술이

Q1. 최근 물가가 어느 수준으로 올랐나요? 기사를 읽고, 간략히 정리해 보세요.

....

....

Q2. 최근 물가가 오른 이유는 무엇일까요? 기사를 읽고, 관련 내용을 정리해 보세요. 기사에 언급된 내용에 더해 인터넷에서 다른 사례들도 더 찾아보세요.

....

....

Q3. '고물가 시대' 관련 뉴스를 보며 여러분은 어떤 생각을 했나요? 아래 두 친구처럼 자신의 생각을 써 보세요.

물가가 이렇게 오르다니!

	주장	주장에 대한 이유나 부연 설명
준수	○대기업까지 물건 가격을 많이 올려선 안 됩니다.	○뉴스를 보면 물가가 오르면서 규모가 작은 업체나 서민들이 힘들어진다고 하더라고요. 함께 사는 사회잖아요. 이럴 때 대기업처럼 여유가 있는 이들이 함께 잘 살아갈 방안을 고민해 줘야죠.
희영	○무턱대고 돈 빌린 사람들도 무책임해요!	○은행에서 돈을 빌린 사람들이 고물가 상황에서 이자까지 갚느라 힘들다는 얘기를 들었어요. 물가는 오를 수도 있고, 내릴 수도 있잖아요. 물가에 따라 금리가 영향을 받는다는 걸 모르지 않을 텐데, 이를 생각하지 않고 무리해서 빚을 내서는 안 되죠.

TOPIC 44

사회·문화
·····················
셰어런팅

내 새끼 예뻐서
내가 올렸는데 왜요?

이슈
10명 중 8명 "아이 사진 올려 봤다"

"이유식도 척척! 애가 순한 게 아니라 이유식이 맛있어서 그런 듯요~ #이유식 #영유아이유식"

"중간고사 잘 봤으니 오늘은 수영장에서! #중딩수영장 #중딩중간고사 #호텔수영장"

요즘 이렇게 자녀의 모습을 사진으로 찍어 SNS에 올리는 부모들의 계정을 많이 볼 수 있죠. 아이가 밥을 먹고, 공부하고, 노는 모습은 기본이고 때론 속옷만 대충 차려입은 모습을 올리는 이들도 있습니다. 최근 미국의 한 배우는 열세 살 미성년자 딸이 노출이 심한 비키니 수영복을 입고 찍은 사진을 온라인에 올렸다가 누리꾼들의 뭇매를 맞기도 했습니다.

실제로 많은 양육자가 아동의 사진을 온라인에 올리고 있는 것으로 나타났습니다. SNS를 사용하는 부모 가운데 86.1퍼센트가 자녀의 사진, 영상을 자신의 계정에 게시한 경험이 있고 이들 중 44.6퍼센트만 사전에 자녀의 동의를 구해 본 적이 있다고 했습니다. '세이브더칠드런'이 지난 2021년 2월 9일~16일 만 0~11살 자녀를 둔 부모 중 최근 3개월 동안 SNS에 콘텐츠를 게시한 경험이 있는 1000명을 대상으로 실시한 설문 조사 결과입니다.

프랑스에서는 자녀 동의 없이 사진이나 영상을 올린 부모에게 자녀가 소송을 제기하면 최대 징역 1년, 벌금형(4만 5000유로, 한화로 약 6787만 원)에 처할 수 있다고 알려져 있습니다. 우리나라에선 이와 관련해 아직 관련 법규가 마련돼 있지 않습니다.

＊사회/교육부 눈밝음 기자 brighteyes@책폴.com

'셰어런츠'가 쏘아올린 '셰어런팅'

SNS에 자녀의 일상을 사진이나 영상으로 찍어 올리며 공유하는 행위를 '셰어런팅(sharenting)'이라고 합니다. '공유(share)'와 '양육(parenting)'의 합성어죠. 셰어런팅 하는 부모들이 늘어나면서 이들을 부르는 말 '셰어런츠(sharents)'도 등장했습니다. 셰어런츠라는 말은 영국의 일간지 《가디언》에서 제일 처음 사용했어요. 《가디언》의 분석에 따르면, 셰어런츠는 소셜 미디어가 처음 등장했을 때부터 활발히 참여했던 사람들로, 낯선 사람과 자신의 생각을 공유하는 데 익숙한 이들이라고 해요.

범죄 이용될까 걱정 vs. 남의 일에 왜 간섭?

셰어런팅은 아이의 삶에 영향을 끼칠 가능성이 큽니다. 얼굴을 비롯해 이름, 다니는 학교와 학원 정보, 동선 등이 노출되다 보면 유괴범이 접근할 수도 있을 겁니다. 영상에서 아이의 모습이나 목소리를 추출해 가짜 영상을 만들 위험도 커집니다. 영국의 한 다국적 금융서비스 기업(Barclays PLC)은 "2030년에는 '셰어런팅'으로 인해서 최대 700만 건의 신원 도용이 발생하고, 8억 달러 이상의 온라인 사기가 발생할 수 있다"고 경고한 바 있습니다.

한편, "내 아이 사진을 내가 올리겠다는데 이를 법으로 규제하는 건 국가의 과도한 간섭, 통제 아닌가?" 하는 의견도 있습니다. "건강, 교육, 식생활 등 각종 양육 정보를 공유하는 좋은 방법 중 하나이기도 한데 뭘 그렇게 삐딱하게만 보느냐"는 반응도 있습니다.

중요한 건 '아이가 동의했느냐' 아닐까?

자녀가 나온 사진, 영상 등을 온라인에 게시할 때는 당사자들의 동의 여부가 중요하다는 생각도 해 봐야 합니다. 국제아동권리 비정부기구(NGO) 세이브더칠드런이 2023년 전국 10~18세 아동·청소년 1000명을 대상으로 실시한 설문 조사에 따르면, 어린이·청소년 97.7퍼센트는 "다른 사람이 동의 없이 내 개인정보를 올린 경우 삭제나 수정을 요청할 것이다"라고 답했습니다.

덕분에 만나는 시사 용어

● 잊힐 권리

온라인상에 내 굴욕 사진이 올라와 있다면? 누구라도 지우고 싶어지겠죠? 이런 개인정보나 기록을 삭제해 달라고 요청할 수 있는 권리를 두고 '잊힐 권리'라고 말합니다. 세이브더칠드런이 2023년 전국 10~18세 아동·청소년 1000명을 대상으로 시행한 설문 조사 결과를 보면, 아동 10명 중 9명이 디지털 환경에서 아동의 '잊힐 권리'를 법으로 보장하는 데 찬성한 것으로 나타났는데요. 여러분은 '잊힐 권리'에 대해 어떤 생각을 갖고 있나요?

수리수리 논술이

Q1. '셰어런팅', '셰어런츠'는 각각 무엇을 뜻하는 말일까요? 기사에서 찾아 간략히 정리해 보세요.

....

....

Q2. 셰어런팅으로 논란이 된 사례들로는 뭐가 있을까요? 기사를 읽고 간략히 정리해 보세요. 다른 온라인 기사를 참고해도 좋습니다.

....

....

Q3. 셰어런팅에 대한 여러분의 생각이 궁금합니다. 아래 두 친구처럼 자신의 생각을 써 보세요.

부모님이 SNS에 제 사진을 올린다고요?

	주장	주장에 대한 이유나 부연 설명
찬혁	○ 절대 반대입니다!	○ 이 부분은 부모님이 제 허락을 받는 게 맞다고 생각해요. '초상권'인가 하는 것도 있잖아요. 초상권에 따라 누군가의 동의 없이 그 사람의 사진을 찍어도 안 되고, 그 사진을 올려도 안 된다고 들었어요.
솔이	○ 시간 지나서도 남아 있을까 걱정돼요!	○ 엄마가 육아 채널을 운영하시는데, 제가 예쁘게 잘 나온 사진을 올린다면, 싫지 않을 거 같아요. 제 동의를 받아서 올리는 건 괜찮아요. 하지만 걱정이 있긴 해요. 나중에 컸을 때 제 사진이 온라인에 계속 남아 있으면 부끄러울 수도 있잖아요.

TOPIC
45

국제·과학

우주 경쟁

반가워! 우주야!

이슈

아리안 6호 발사 성공… 유럽도 우주 경쟁 가세

"발사!"

엄청난 굉음과 함께 강한 화염을 내뿜는 로켓이 하늘로 치솟아 오릅니다. 우주 발사체 아리안 6호가 발사되는 순간입니다. 유럽우주국은 2024년 7월 9일 오후 4시(현지 시각) 남미 프랑스령 기아나 쿠루에 있는 기아나우주센터에서 프랑스 아리안그룹이 개발한 아리안 6호를 쏘아 올렸습니다.

유럽우주국은 저렴한 비용을 앞세운 스페이스 X 등의 민간 우주 기업과의 경쟁이 힘들어지자, 민간 회사인 아리안그룹과 손잡고 차세대 로켓 개발을 추진해 왔습니다. 그간 미국과 중국 등 우주개발에 앞장서는 나라들도 있었지만, 유럽우주국의 경우 22개국이 협력한다는 점에서 특별한 점이 있습니다.

아리안 6호 발사 성공으로 유럽우주국은 우주 시장에서의 경쟁력을 강화하고, 유럽의 항공 우주 기술력을 한층 더 향상하는 중요한 발판을 마련했다는 평가를 받고 있습니다.

각국 정부가 우주개발에 나서는 이유는 우주라는 공간이 가진 무한한 가능성을 무시할 수 없기 때문입니다. 요제프 아슈바허 유럽우주국 사무총장은 "신세대 아리안호가 성공적으로 발사되어 유럽이 우주에 대한 접근성을 회복하는 역사적인 순간을 맞았다"고 밝혔습니다.

＊ 국제/과학·환경부 송시야 기자 **worldwide@책풀.com**

개발 확정 10년 만에 발사 성공했어요

아리안 6호는 유럽우주국이 28년 만에 선보이는 신형 로켓입니다. 인공 위성을 운송하는 데 특화되어 있고, 액체 수소를 연료로 하고 있죠. 이 로켓은 높이 63미터에 이르는 대형 발사체로 보조 로켓까지 모두 장착 했을 때 그 무게가 900톤에 달합니다. 지구 저궤도로 운송할 수 있는 무 게는 최대 21.6톤이고요. 아리안 6호가 개발 방침을 확정한 게 2014년 이었으니 이번 발사 성공은 개발 약 10년 만에 이뤄진 일입니다. 아리안 6호는 2026년에 더 발사될 예정입니다.

풍부한 자원 개발해야 vs. 환경오염 어쩌나

우주는 자원의 보고로써 미래 경제의 큰 동력으로 떠오르고 있습니다. 달에는 핵융합 원료인 '헬륨-3'를 비롯해 정밀한 전자기기를 만들 때 필 요한 원소도 풍부하다고 해요. 재생 에너지인 '태양광 에너지'도 직접 얻을 수 있고요. 우주를 개발하여 지구 저궤도에 통신 위성을 더 많이 올 리면 지금보다 인터넷 속도가 더 빨라질 겁니다. 우주개발을 통해 지구 와 생명을 이해하는 근거를 찾을 수 있을 거라 기대하는 이들도 많아요. 이런 배경에서 세계 각국은 앞다퉈 우주개발을 하고 있죠. 반면, 우주개 발에 따른 환경오염 문제를 걱정하는 목소리도 들려옵니다. 로켓에서 발생하는 가스와 소음 등이 지구 대기와 우주 환경에 악영향을 끼치기 때문이죠.

우리 기술로 개발한 '누리호'도 우주로!

우리나라도 2030년까지 세계 7대 우주 강국이 되겠다는 목표로 '누리호'라는 로켓을 발사하고 있습니다. 누리호는 지구 상공 수백 킬로미터에 인공위성을 올려놓기 위해 한국 기술로 개발한 발사체죠. 2021년 10월 1차 발사 당시 궤도에 오르는 데 실패했지만, 2022년 6월 2차, 2023년 5월 3차 발사까지 성공했고, 이후 2027년까지 총 6번 발사될 예정입니다. 누리호 발사 성공은 러시아의 기술협력을 받아야 했던 2013년 나로호 발사 이후 10년 만에 거둔 성과여서 더욱 특별합니다.

덕분에 만나는 시사 용어

● 스푸트니크 1호

세계 최초로 인공위성이 우주로 간 것은 언제? 바로 1957년 10월 4일! 이날 구소련은 '스푸트니크 1호'라는 이름의 인공위성 발사에 성공했어요. 스푸트니크 1호는 발사 성공 후 약 3주 동안 지구로 신호음을 보내왔죠. 이후 인류는 우주개발에 매진했고, 현재는 지구 궤도를 돌고 있는 인공위성이 1만 개가 넘는다고 해요. 지구 표면에서 420킬로미터 떨어진 상공에 축구장만 한 크기의 국제우주정거장(ISS)도 건설했고요. 참고로 스푸트니크는 러시아어로 '여행의 동반자'라는 뜻입니다.

수리수리 논술이

Q1. 각각 '아리안 6호', '누리호'는 어떤 로켓을 말하나요? 기사를 읽고, 간략히 정리해 보세요.

Q2. 세계 각국이 우주개발 경쟁을 하는 이유는 무엇일까요? 기사를 읽고, 관련 내용을 정리해 보세요. 기사에 언급된 내용에 더해 인터넷에서 다른 사례들도 더 찾아보세요.

....

....

Q3. '우주 경쟁 시대' 관련 뉴스를 보며 여러분은 어떤 생각을 했나요? 아래 두 친구처럼 자신의 생각을 써 보세요.

이제 우주에서 만나요!

	주장	주장에 대한 이유나 부연 설명
준혁	○로켓 연구에 국가적으로 투자를 많이 해야 해요!	○우주에는 귀한 자원들이 많다고 하잖아요. 앞으로는 이 자원들을 빨리 발굴하고 활용해야 발전할 수 있고, 선진국에도 들어갈 수 있지 않을까요?
민서	○로켓 발사 때 나오는 탄소는 안 보이나요?	○로켓 발사 한 번 하는데 엄청난 탄소가 나온다고 들었습니다. 이에 대한 대안도 함께 고민해 봐야 하지 않을까요? 로켓을 발사하는 데 생기는 환경오염 문제를 국제 사회가 함께 짚고 넘어가야 합니다!

사회

노인 기준 연령

당신은 아직 중년입니다

서울시 노인 기준, 만 70세 이상으로 올려요

서울시가 각종 노인 복지 혜택을 주는 기준 연령을 만 65세에서 만 70세 이상으로 바꾸는 방안을 추진합니다.

서울시는 2024년 6월 16일 이런 내용의 〈인구정책 기본 계획〉을 발표했습니다. 서울시 관계자는 "현재 서울시는 저출생과 고령화, 인구 감소가 급속도로 진행되고 있다"며 "이러한 흐름을 반영한 새로운 도시 운영 계획을 선제적으로 내놓은 것"이라고 설명했습니다.

이번 계획의 핵심은 〈노인복지법〉에 따라 일률적으로 적용하는 만 65세 이상 노인 기준을 복지 사업별로 달리 정하겠다는 것입니다. 서울시 관계자는 "인구 감소 등으로 서울시가 거둬들이는 세금이 줄어들 것으로 예상되는데 노인 인구는 계속 늘어나 감당하는 것이 어렵다"며 "사업에 따라 융통성 있게 노인 기준을 정하려는 것"이라고 말했습니다. 예를 들어, 생계와 직접 관련이 적은 문화 지원 사업의 경우 노인의 기준을 만 70세나 80세 이상으로 정해 지원 대상을 축소할 수 있다는 얘기입니다.

다만 노인들이 반발할 것 등을 감안해 지하철 무임승차 제도 등 기존에 실시하던 사업에는 적용하지 않을 방침입니다. 서울시 관계자는 "이르면 내년부터 신규 복지 사업에 이러한 기준을 적용할 계획"이라고 말했습니다.

＊사회/교육부 눈밝음 기자 **brighteyes**@책폴.com

1981년부터 노인은 '만 65세'

현재 노인 기준 연령인 '만 65세'는 1981년 제정된 〈노인복지법〉에 명시된 이후 40년 넘게 바뀌지 않았습니다. 정부는 만 65세를 기준으로 기초연금과 국민연금, 의료비 할인 등 노인 복지를 제공해 왔죠. 과거엔 이 연령대에서 질병이 생기거나 사망률이 급속하게 높아졌기 때문인데요. 지금은 의학이 발달하면서 노화의 시기가 점점 늦춰지고 있죠? 과거 60대 중반이면 당연히 노인이라 불렀지만, 이제 이 나이대 사람들을 '중년'이라 해도 될 만큼 젊어졌습니다.

일하는 노인, 여전히 많아요!

노인 기준 연령 기준을 높여야 한다고 주장하는 측은 "사람들의 평균 수명 등이 늘어나면서 옛날 잣대로 노인을 구분하는 게 적절하지 않다"고 말합니다. 실제로 만 65세가 넘었지만 노동 현장에서 활발하게 일하는 이들도 많은 게 현실이거든요.

  단, 노인별 상황에 맞춰 기준을 올려야 한다는 목소리도 나오고 있어요. 형편이 어려워 복지 혜택을 받아야 하거나 건강 문제 등으로 일할 상황이 안 되는 이들도 분명히 있을 테니까요. 이런 이들에겐 기존의 복지 제도가 꼭 필요할 겁니다.

정년 나이 높이는 해외 국가들

현재 우리 사회의 일반적인 정년 나이는 '만 60세'인데요. 노인 기준 연령을 높였을 때 정년 이후 노인들에게 일자리를 어떻게 제공할 것인지에 대한 고민도 나오고 있어요. 참고로 우리보다 고령화가 먼저 시작된 일본은 2021년부터 기업에 70세 정년을 권고해 왔어요. 스페인, 독일도 각각 2027년과 2029년을 목표로 정년을 65세에서 67세로 늘릴 계획이죠. 한쪽에선 정년 연장에 따른 기업의 부담을 덜어 주기 위해 능력에 따라 월급을 달리 주는 유연한 연봉제가 필요하다고 말합니다.

덕분에 만나는 시사 용어

● 기대 수명

노인 기준 연령 상향과 관련한 기사를 보면 '기대 수명'이라는 표현이 많이 보입니다. 기대 수명이란 0세인 출생아가 앞으로 몇 년 더 살 수 있는지를 추정한 기대치를 뜻하는 말이에요. 특정 연도의 연령별, 성별 사망률이 그해에 태어난 아이들이 죽을 때까지 적용된다고 가정한 통계치죠. 기대 수명과 같은 의미로 '평균수명'이란 표현도 많이 쓰입니다.

그렇다면 2020년에 태어난 아기는 몇 살까지 살 수 있을까요? 통계청에 따르면, 한국인의 기대 수명(2020년 기준)은 평균 83.5세로, 남자는 80.5세, 여자는 86.5세입니다.

수리수리 논술이

Q1. 서울시가 각종 노인 복지 혜택을 주는 기준 연령을 현재 몇 세에서 이후 몇 세로 바꾸는 방안을 추진하려고 하나요? 구체적인 나이를 써 보세요.

....

....

Q2. 서울시가 노인 기준 연령을 바꾸려고 하는 이유는 무엇인가요? 기사에서 찾아 간략히 정리해 보세요.

....

....

Q3. 노인 기준 연령을 높이는 것에 대한 여러분의 생각이 궁금합니다. 아래 두 친구처럼 자신의 생각을 써 보세요.

노인 기준 연령 높여야 할까요?

	주장	주장에 대한 이유나 부연 설명
서정	○노인 기준 연령을 높이는 데 찬성합니다!	○노인이지만 아직도 활발하게 일하는 어른들을 많이 봤어요. 시대가 바뀌었으니 노인 기준 연령도 달라져야죠.
유빈	○노인 기준 연령을 무작정 높여선 안 됩니다!	○일할 능력이 없는 노인들은 나라에서 주는 연금으로 살아가는데 노인 연령을 높여 버리면 지원이 끊기잖아요. 기준 연령을 높이더라도 노인들 상황을 파악해서 필요한 사람들에 대한 지원은 계속 이어져야 해요.

TOPIC 47

교육

늘봄학교

수업 끝나고
또 수업 듣고 가세요

이슈

전국 모든 초등학교에 늘봄학교 도입

"맞벌이 부부인데 하교 후 아이 맡길 데가 만만치 않네요."
"아이 키우는 과정에서 돌봄에 대한 부담이 너무 큽니다."
요즘 이런 고민을 호소하는 부모들이 많습니다. 초등학생 자녀를 둔 가정이 겪고 있는 이 같은 돌봄의 어려움과 사교육비 부담 등을 해소하기 위해 정부가 '늘봄학교'를 도입하기로 했습니다. 늘봄학교는 정규 수업 외에 학교와 지역사회의 다양한 교육 자원을 연계해 학생의 성장과 발달을 지원하는 프로그램을 뜻해요. 기존 프로그램인 돌봄교실과 방과후학교를 통합한 단일 프로그램이죠.

정부는 2024년 1학기 전국 2000개교 이상, 2학기 전국 모든 초등학교에서 희망하는 1학년 학생 누구나 늘봄학교를 이용할 수 있게 한다고 발표했습니다. 늘봄학교가 도입되면 기존에 분리 운영되던 초등학교 방과후학교와 돌봄은 하나의 체제로 통합할 예정이죠.

기존 초등학교 방과후·돌봄교실 체제에서는 신청을 하는 데 우선순위가 있었습니다. 늘봄학교는 신청 우선순위, 추첨, 탈락 없이 희망자 누구나 이용할 수 있다는 게 기존에 있던 제도들과 다른 점입니다. 정부는 늘봄학교 지원 대상을 2024년 초등학교 1학년에서 2025년 초등학교 1~2학년, 2026년 초등학교 1~6학년으로 단계적 확대할 계획입니다.

＊사회/교육부 눈밝음 기자 brighteyes@책폴.com

양육비 부담, 교육 격차 해소가 목적

늘봄학교는 학부모의 양육 부담을 낮추고 교육 격차를 해소한다는 취지로 등장했어요. 2022년 8월, 정부가 추진 방침을 밝힌 직후 논란에 휩싸였던 '초등 전일제학교'의 다른 이름이기도 하죠.

정부는 늘봄학교에 참여하는 학생들이 해당 시간 동안 학교에서 질과 양을 모두 확보한 교육적인 돌봄을 제공받을 수 있다고 말합니다. 희망자 누구나 신청할 수 있게 하는 등 기존 방과후학교나 돌봄교실과는 차이점이 있죠.

학부모들은 반기고, 학교 현장에선 비판 나와

학부모들 중에는 늘봄학교 도입을 반기는 이들도 많습니다. 요즘 맞벌이 아닌 가정이 드문 상황이죠. 2023년 기준 신혼부부 중 맞벌이 부부 비중은 58.2퍼센트나 된다고 합니다. 늘봄학교 도입을 반기는 이들은 아이들을 돌봄 및 학습 관련 사교육에 맡기지 않을 수 있어 좋다는 입장이에요. 방과후 아이들이 돌봄 서비스를 제공받고 공부를 할 수 있는 공간이 학교라는 점에서 학부모로선 심리적·경제적 부담이 줄어들겠죠.

반대로 학교 현장은 늘봄학교 도입에 부정적인 분위기입니다. 교내에 공간 및 돌봄 인력도 확보되지 않았고, 돌봄 과정에서의 책임을 학교가 떠맡게 되는 게 맞느냐는 거죠. 게다가 교육 예산이 돌봄으로 나뉘는 것도 문제로 지적되고 있어요.

'가정 내 돌봄'은 왜 고민 안 해요?

늘봄학교를 둘러싼 논란은 결국 '학령기 아이의 돌봄은 누가 책임을 갖고 맡아야 하는가'라는 문제와 맞닿아 있어요. 사실 아이를 돌보는 데 가장 적합한 사람은 아이의 부모겠죠. 그런 의미에서 근본적인 변화가 필요하다는 목소리도 나옵니다. 학교 내 돌봄 시간을 늘릴 것이 아니라 부모가 자녀를 직접 돌보는 '가정 내 돌봄'이 확대되도록 사회가 고민해야 한다는 얘기죠. 그러려면 노동, 복지, 가족 등 여러 분야에서 정책적인 고민이 필요할 겁니다.

덕분에 만나는 시사 용어

● **돌봄 노동**

최근 뉴스를 보면 '돌봄 노동'이라는 표현을 많이 볼 수 있죠? 돌봄 노동이란, 도움이 필요한 타자에게 도움을 제공하는 것을 포함하여 타자를 돌보기 위한 모든 일을 일컫는 말이에요. 일반적으로 어린이, 환자, 노인 등 약자를 부양할 때 이 표현을 많이 쓰죠. 과거에는 주로 여성들이 가정에서 돈이나 보상을 안 받고 돌봄 노동을 도맡는 경우가 많았어요. 하지만, 지금 시대에 돌봄 노동에 남녀를 구분하는 건 정말 시대착오적인 생각이죠.

수리수리 논술이

Q1. '늘봄학교'란 무엇인가요? 기존의 방과후학교나 돌봄교실과는 어떤 차이가 있나요? 기사를 읽고, 간략히 정리해 보세요.

....

....

Q2. 늘봄학교가 등장한 배경은 무엇인가요? 기사를 읽고, 관련 내용을 정리해 보세요. 기사에 언급된 내용에 더해 인터넷에서 다른 사례들도 더 찾아보세요.

....

....

Q3. '늘봄학교 도입' 관련 뉴스를 보며 여러분은 어떤 생각을 했나요? 아래 두 친구처럼 자신의 생각을 써 보세요.

학교에서 돌봄까지?

	주장	주장에 대한 이유나 부연 설명
소이	○늘봄학교 설치에 반대합니다.	○저는 늘봄학교가 학교에 설치되어선 안 된다고 생각해요. 학교는 공부하는 곳이지 누군가를 돌보는 곳은 아니잖아요. 이렇게 되면 학교가 집처럼 될 것 같아요.
진영	○저학년은 돌봄이 필요 해요.	○동생이 있는 집들은 늘봄학교에 관심을 많이 갖더라고요. 저는 나쁘지 않다고 생각합니다. 저학년 동생들의 경우 학원보다는 돌봄까지 해 주는 학교가 낫지 않을까요?

정치·국제

후쿠시마 오염수

오염수 방류가 시작됐습니다

이슈

일본, 후쿠시마 오염수 해양 방류 시작

2023년 8월 24일 일본 도쿄전력이 후쿠시마 오염수 해양 방류를 시작했습니다. 도쿄전력 측은 2024년 3월까지 약 3만 1200톤의 오염수를 네 차례에 걸쳐 해양에 방류할 것을 발표한 바 있죠.

2011년 일본에서는 후쿠시마 제1원전 폭발 사고가 일어났습니다. 원자로에는 지금까지도 처리하지 못한 고열의 방사능 잔해물이 남아 있죠. 도쿄전력은 이 잔해물을 식히기 위해 지난 12년간 끊임없이 냉각수를 부어 왔습니다. 여기에 원자로 건물 등을 타고 내린 빗물, 지하수 등이 섞여 고농도 방사능 오염수가 나오고 있습니다.

일본은 철제 저장 탱크를 지어 거기에 오염수를 보관해 왔지만, 이제는 그 용량이 한계에 달해 후쿠시마 앞바다에 내보내겠다는 입장입니다. 일본 정부 측은 "다핵종제거시설(ALPS)'이라는 정화 장치를 이용해 오염수에 포함된 핵종을 기준치 이하로 처리할 수 있다"고 설명했습니다. 일본은 오염수에서 방사성 물질을 없앴다는 의미에서 '처리수'로 부르고 있죠. 이번 일을 두고 우리 정부는 "오염수가 과학적·객관적으로 안전하며, 국제법·국제기준에 부합하는 방식으로 처분되도록 지속적으로 검증할 것"이라고 말했습니다.

한편, 오염수 방류를 앞두고 우리나라 마트는 불안감에 소금을 미리 사 두려는 사람들로 북적였습니다. 2023년 6월 14일 기준, 20킬로그램 천일염 한 포대의 중·도매 가격은 3만 원 안팎으로, 전월보다 50퍼센트나 껑충 뛰기도 했죠.

✱ 국제부 송시야 기자 **worldwide@책폴**.com
정치/경제부 이진실 기자 **honest@책폴**.com

오염수 내 방사성 물질, '삼중수소'

일본의 오염수 방류의 핵심에는 '삼중수소'라는 것이 있습니다. 오염수 내 방사성 물질을 뜻하는 말이죠. 일본은 해양 방류 시점까지 삼중수소의 농도를 기준치의 40분의 1 밑으로 '희석'해 내보내겠다고 했습니다. 삼중수소는 다른 방사성 물질과 달리 걸러지지 않는다고 알려져 있어요. 그런 점에서 일본은 오염수에 물을 많이 섞어서 삼중수소 농도를 기준치 이하로 떨어뜨린 뒤 방류하겠다는 입장입니다. 일반적으로 삼중수소가 몸에 쌓이면 유전자 손상, 생식기능 이상 현상 등을 일으킬 수 있다고 알려져 있어요.

희석하니 괜찮아 vs. 안전성 믿기 힘들어

삼중수소를 기준치보다 낮은 농도로 희석해 오랜 시간에 걸쳐 방류하면 인체에 미칠 영향은 크지 않을 것이라고 보는 견해도 있습니다. 미국 CNBC는 브렌트 호이저 일리노이대 교수의 말을 인용해 "필터링 과정에서 남은 삼중수소 소량은 유해하지 않다"라고 보도하기도 했죠.

반면, "방사성 물질의 안전성은 매우 보수적으로 봐야 한다"는 의견도 있습니다. 특히, 오염수 희석 과정 전반을 다른 나라 과학자가 직접 살필 방법은 없는 상황이기 때문에 무조건 신뢰하긴 어렵다는 말이 나옵니다. "당장이 아니더라도 해양생태계 생물들의 먹이사슬을 통해 해저 등에 쌓이는 방사능 오염에 대해서도 고민해 봐야 한다"는 의견도 무시할 수 없습니다.

내 바다에 내가 버린다는데 뭐가 문제?

일본 측은 오염수 방류 결정과 관련해 "우리는 주권 국가"라고 말한 바 있습니다. 일본이 일본 바다에 오염수를 버린다는데 뭐가 문제냐는 의미겠죠. 바닷물은 어쩔 수 없이 서로 섞이기 때문에 '내 바다'에 버린 물이 인접한 다른 나라에 영향을 끼칠 수 있다는 사실을 모르고 한 말은 아닐 겁니다. 관련해 일본 측의 태도가 "해양오염이 자국 밖에서 확산하지 않도록 보장해야 한다"는 〈유엔해양법협약〉 194조 2항에 어긋난다는 주장도 나옵니다.

덕분에 만나는 시사 용어

● **해양주권**

오염수 방류와 관련해 '해양주권'이라는 용어에 대해서도 알고 있으면 좋겠습니다. 해양주권은 한 국가가 자국의 해양에 대해 갖는 주인 된 권리를 뜻하는 말입니다. 바다를 관할하는 것은 물론이고, 해역, 해상, 해저의 자원을 지배하는 권리도 포함합니다. 일본이 자국의 해양주권을 갖고 있는 것처럼 우리 역시 우리나라만의 해양주권이 있고, 이를 지킬 권리와 의무가 있다는 사실! 잊지 말아야겠죠?

수리수리 논술이

Q1. '후쿠시마 오염수 방류'는 무슨 사건을 뜻하나요? 기사에서 찾아 간략히 정리해 보세요.

....

....

Q2. 일본이 후쿠시마 오염수를 방류하는 이유는 뭔가요? 기사에서 찾아 간략히 정리해 보세요. 다른 온라인 기사를 참고해도 좋습니다.

....

....

Q3. 후쿠시마 오염수 방류에 대한 여러분의 생각이 궁금합니다. 아래 두 친구처럼 자신의 생각을 써 보세요.

오염수 방류 시작했다는데?

	주장	주장에 대한 이유나 부연 설명
현민	○어떻게든 막았어야 해요.	○아무리 오염수를 희석한다고 해도 이게 쌓이고 쌓여 나중에 무슨 일이 일어날지는 아무도 모르잖아요. 이는 바다에 사는 생물들을 죽이는 행위기도 해요.
솔이	○아쉬운 점도 있지만 방류를 시작했다니까 어쩔 수 없다고 생각해요.	○다만, 일본이 말한 약속을 제대로 지키는지, 앞으로 별일은 없는지 잘 살펴보는 게 중요하지 않을까요? 일본과의 관계도 중요한 부분이니까요.

TOPIC 49

환경

그린벨트

건물 들어와야 하니까 나무들 방 빼!

이슈

서울 지역 그린벨트 12년 만에 푼다

정부가 그린벨트로 불리는 '개발제한구역'을 해제하기로 했습니다. 2024년 11월 5일 정부는 서울 서초구, 경기 고양·의왕·의정부시 일대 그린벨트를 풀어 수도권에 향후 5만 가구 규모의 주택을 공급하겠다고 밝혔습니다. 정부가 대규모 주택 공급을 위해 서울 내 그린벨트를 해제하기는 2009~2012년 이후 12년 만의 일입니다.

정부가 그린벨트 해제 카드를 꺼내 든 것은 수도권에 집을 구하려는 이는 많지만, 수도권 집값이 몇 년 사이 너무도 치솟았기 때문이에요. 이런 상황을 안정시키기 위해 그린벨트를 해제해 주택을 짓고, 분양가가 낮은 주택을 공급하자는 것이죠.

국토교통부는 11월 5일 정부서울청사에서 5만 가구의 주택을 공급할 신규 택지 후보지로 서울 서초구 원지·우면동 일대 서리풀 지구와 경기 고양시 대곡 역세권, 의왕시 오전·왕곡동, 의정부시 신곡·용현동 일대 4곳을 그린벨트 해제 지역으로 발표했어

요. 그린벨트를 해제한 이 지역에 아파트를 지어 각기 서울에 2만 가구, 경기 일대에 3만 가구를 공급하겠다는 게 정부의 계획이죠. 정부는 서초구 서리풀 지구에 공급할 2만 가구 중 절반 이상을 시세보다 90퍼센트까지 싸게 분양받을 수 있는 '신혼부부용 장기전세주택2'로 공급하겠다고도 했어요.

＊ 정치/경제부 이진실 기자 honest@책폴.com

자연 환경보호 위해 지정한 청정 지역

그린벨트는 무분별한 도시 개발을 막고, 숲과 같은 자연 환경을 보전하자는 의미로 설정한 녹지대를 뜻합니다. 환경 보호를 위해 그린벨트는 꼭 필요하지만, 지역 경제가 발전하려면 규제를 일부 완화할 필요가 있다고 말하는 이들도 있어요.

그린벨트를 해제하려면 국토교통부장관 등의 승인이 필요한데요. 일반적으로 정부는 다음의 몇 가지 상황일 때 그린벨트 제한을 풉니다. ①도시 인구 증가와 주택 수요 증가로 인해 주택 공급이 부족해질 때, ②산업단지를 조성해야 할 때, ③교통 체증을 해소하기 위해 도로, 철도 등을 구축해야 할 때, ④군부대나 군사시설 건설이 필요할 때 등이 이에 해당합니다.

집값 잡을 수도 vs. 시간 오래 걸릴 텐데…

정부의 그린벨트 해제 소식에 대한 반응은 전문가마다 다 다릅니다. 집값이 높은 강남이 포함됐다는 점에서 집값 안정에 긍정적 영향을 줄 거로 보는 견해도 있어요. 반대로 그린벨트 개발에 긴 시간이 걸리기 때문에 애초 목표대로 진행될지 지켜봐야 한다는 의견도 있습니다. 참고로 최근 10년간 택지 조성을 위해 그린벨트를 해제한 지역 중 67퍼센트 이상이 주택 지구 지정부터 입주까지 8년 이상의 시간이 소요되는 것으로 나타났어요.

그린벨트를 풀면서 환경이 파괴되는 것을 걱정하는 목소리도 있어요. 토지는 한 번 훼손하면 복구가 쉽지 않은 자원이고, 그렇기에 개발은 가급적 자제해야 한다는 것이죠. 그린벨트는 실제로 기후 위기의 원인인 탄소를 많이 흡수하는 지역으로 역할을 하고 있는데요. 이 때문에 그린벨트를 더욱더 지켜야 한다는 얘기가 나오고 있습니다.

덕분에 만나는 시사 용어

● 블루벨트
토지를 보호하기 위해 마련한 제도인 그린벨트처럼 바다에도 바다를 보호하려는 목적으로 만든 제도가 있어요. 바로 '블루벨트'입니다. "이 수역 안에서는 공단을 설치하거나 오·폐수를 버려선 안 돼!", "유조선도 통과해선 안 돼!" 이렇게 지정해 둔 지역이 바로 블루벨트죠. 그렇다면 우리나라의 블루벨트는? 우리나라는 한려수도 일대와 서해안 일부를 블루벨트로 지정하고 있답니다. 혹여 이 지역에 가게 된다면, '여기가 블루벨트 지역이구나!' 이렇게 외쳐보세요!

수리수리 논술이

Q1. '그린벨트'란 무엇인가요? 기사를 읽고, 간략히 정리해 보세요.

....

....

Q2. 정부가 10여 년 만에 서울 내 그린벨트를 해제한 이유는 무엇일까요? 기사를 읽고, 관련 내용을 정리해 보세요. 기사에 언급된 내용에 더해 인터넷에서 다른 사례들도 더 찾아보세요.

....

....

Q3. '그린벨트 해제' 관련 뉴스를 보며 여러분은 어떤 생각을 했나요? 아래 두 친구처럼 자신의 생각을 써 보세요.

그린벨트를 푼다고요? 과연…

	주장	주장에 대한 이유나 부연 설명
다온	○ 그린벨트를 함부로 풀어선 안 됩니다.	○ 그러잖아도 환경오염 때문에 난리인데 그린벨트를 해제하면, 자연이 더 훼손될 겁니다. 정부가 집값 안정을 위해서 그린벨트를 해제한다고 들었는데 집값 하나 때문에 자연을 훼손하는 건 잘못됐다고 생각해요.
수현	○ 집값 너무 비싸잖아요! 일단 찬성합니다.	○ 얘기를 들어 보니 이해가 조금 가기도 해요. 서울 지역에 사는 사람은 많은데 집값이 너무 비싸잖아요. 그래서 나라에서 그린벨트를 풀어 싼 가격의 주택을 더 짓겠다는 거 아닌가요? 과거의 사례를 더 찾아봐야겠지만, 저는 찬성합니다!

TOPIC 50

경제·문화

K-푸드

전 세계 홀린 바로 이 맛!

이슈

K-푸드 인기 상승 속 수출액 역대 최고치

비비고 만두, 불닭볶음면, 김밥. 해외 현지에서 'K-푸드' 인기가 뜨겁다는 소식이 속속 들려옵니다. 최근 K-푸드의 성과를 보여 주는 유의미한 통계도 나왔습니다.

농림축산식품부는 2024년 K-푸드 플러스(K-Food+) 수출액이 전년 대비 6.1퍼센트 증가한 130억 3000만 달러로 역대 최고실적을 잠정 달성했다고 밝혔습니다. 특히 라면(12억 4850만 달러)·쌀 가공식품(2억 9920만 달러) 등 가공식품이 역대 최대 실적으로 전체 수출을 견인했습니다. 신선 식품 중에서는 김치가 1억 6000만 달러로 역대 최대 실적을 기록했습니다.

농식품 수출 1위 품목 라면은 2023년 실적인 9억 5000만 달러를 10개월 만에 초과 달성했습니다. 농림축산식품부는 "라면은 드라마·영화 등 K-콘텐츠에 자주 노출되고 라면 먹기 챌린지가 유행하면서 권역별 고른 성장세를 보였다"면서 "특히 미국에서는 텍사스의 대형 유통 매장 신규 입점에 성공하며 수출이 70퍼센트 이상 증가했다"고 설명했습니다.

상위 수출 품목 중 가장 높은 성장세를 보인 쌀 가공식품은 전년 대비 38.4퍼센트 성장했습니다. 식품 당국은 건강식이면서 간편하게 한 끼를 해결할 수 있다는 점에서 선호도가 높아진 것으로 분석했습니다.

＊ 정치/경제부 이진실 기자 honest@책폴.com
문화/스포츠/연예부 안테나 기자 antenna@책폴.com

비빔밥부터 김밥, 떡볶이까지 다양해져

K-푸드는 한식뿐만 아니라 세계인이 즐겨 먹는 한국 음식인 김, 라면 등의 음식을 가리키는 말입니다. 다른 말로 '한국식 음식'이라고 표현할 수 있을 텐데요. 2010년대 초반만 하더라도 한국 음식이라고 하면 비빔밥, 불고기 등이 일반적이었습니다. 그러다 K-드라마, K-팝이 전 세계적으로 인기를 끌면서 더 다양한 재료로 만든 한국 음식이 알려지기 시작했죠. 지금 해외에서 K-푸드로 불리는 품목은 라면, 만두, 김밥, 떡볶이, 김치, 김 등 무척 다양합니다.

영화·드라마·K-팝…K-컬처가 징검다리 역할

미국 하버드대학교 경영대학원은 CJ제일제당의 K-푸드 성공 사례를 짚어 보면서 K-컬처의 힘을 언급했습니다. 대학원 측은 "한국의 K-컬처는 전 세계 국경을 넘나드는 문화 현상이 됐다"며 "K-푸드는 이를 통해 국제적으로 함께 조명받게 됐고, 덕분에 한식 시장의 규모까지 글로벌 수준으로 확장됐다"고 분석했습니다.

실제로 영화 〈기생충〉 덕에 미국 시장에선 '짜파게티' 매출이 상승했고, 드라마 〈이상한 변호사 우영우〉의 인기로 동남아 등에서는 김밥을 찾는 이들이 늘었다고 합니다. 방탄소년단(BTS) 멤버 정국이 라이브 방송에서 불닭볶음면을 즐기는 모습이 공개되며 이 라면이 인기를 끌기도 했습니다.

단순 한식 아냐! 한국의 맛과 식재료 '창의적 재해석'

2010년대 초반 정부가 '한식 세계화'를 국정과제로 삼는 등 한국식 전통 밥상을 알리려고 한 적이 있었지만, 최근 K-푸드 유행은 단순히 김치·비빔밥 등 전통 한식 분야에 한정된 것은 아닙니다. 현지에서는 한국의 맛과 식재료를 창의적으로 '재해석한' 메뉴들이 사랑받고 있죠. 전문가들은 K-푸드의 인기가 단발성으로 끝나지 않으려면 이런 특징을 잘 분석해 메뉴를 개발하고, 현지화에 성공한 사례도 참고해야 한다고 강조합니다.

덕분에 만나는 시사 용어

● 한류

K-푸드 현상을 소개하는 기사를 보면 '한류(韓流)'라는 표현이 많이 보이죠? '한류'란, 1990년대 말부터 아시아에서 일기 시작해 전 세계적으로 퍼지고 있는 한국 대중문화 열풍 현상을 뜻해요. 초반엔 드라마를 비롯해 가요 등이 인기를 얻기 시작했고, 2000년 이후에는 김치·고추장·라면·가전제품 등 한국 관련 먹을거리와 각종 제품이 전 세계적으로 관심을 끌었어요. 참고로 중국에선 한국에 푹 빠진 젊은이들을 뜻하는 '합한족(哈韓族)'이란 신조어도 나왔습니다.

수리수리 논술이

Q1. 2024년 'K-푸드' 수출액이 얼마나 늘었나요? 기사를 읽고, 간략히 정리해 보세요.

....

....

Q2. K-푸드는 어떤 과정으로 해외에서 사랑을 받게 됐나요? 기사를 읽고, 관련 내용을 정리해 보세요. 기사에 언급된 내용에 더해 인터넷에서 다른 사례들도 더 찾아보세요.

....

....

Q3. '해외에서 K-푸드 인기' 관련 뉴스를 보며 여러분은 어떤 생각을 했나요? 아래 두 친구처럼 자신의 생각을 써 보세요.

세계가 인정하는 K-푸드

	주장	주장에 대한 이유나 부연 설명
리윤	○유명인들이 우리 음식을 많이 소개해야 합니다!	○BTS를 통해 '불닭볶음면'이 많이 알려진 것을 보면 유명인의 영향력이 정말 크다는 생각이 들어요. 특정 제품을 홍보해 준다는 생각보다는 우리나라만의 새롭고, 특별한 음식 문화를 알린다는 생각으로 많이 알렸으면 좋겠습니다.
나경	○정부 지원도 중요해요!	○정부에서 한국 식재료를 기반으로 음식을 만들고 수출하려는 회사에 지원을 많이 해 줘야 합니다. 우리나라에선 그저 한 기업일 수 있지만, 해외에 나갈 때는 '한국 기업'이라고 소개되니까 대표성이 있다고 생각해요.

문화
....
노벨 문학상

고마워요!
한강 작가님!

이슈

한강 작가, 한국인 최초 노벨 문학상 수상

"올해 노벨 문학상 수상자는 한강!"
2024년 10월 10일(한국 시각) 우리나라의
한강 작가가 노벨 문학상을 받았습니다. 한
국인이 노벨상을 수상한 것은 지난 2000
년 노벨 평화상을 탄 고(故) 김대중 전 대통
령에 이어 두 번째인데요. 아시아 여성이
이 상을 받은 건 처음입니다.

스웨덴 한림원은 10월 10일(현지 시간) 이
같은 결과를 발표했습니다. 매츠 말름 종신
위원장은 기자회견을 통해 "역사의 상처와 직면하고 인간 삶의 부서지기 쉬움을 겉으
로 다 드러내 보인 (작가의) 강렬한 시적 산문"을 높이 샀다고 밝혔습니다.

한강 작가는 1993년《문학과 사회》에서 시 <서울의 겨울>, 1994년《서울신문》신춘
문예에 단편소설 <붉은 닻>이 당선되면서 작가의 길에 들어섰습니다. 2016년 소설
《채식주의자》로 세계 3대 문학상 중 하나인 맨부커 인터내셔널상을 수상해 세계적
명성을 얻었고요. 이듬해《소년이 온다》로 이탈리아 말라파르테 문학상, 2018년《채
식주의자》로 스페인 산클레멘테 문학상, 2023년《작별하지 않는다》로 프랑스 메디
치 외국문학상을 받았습니다.

시상식은 12월 10일(현지 시간) 스웨덴 스톡홀름 콘서트홀에서 열렸는데요. 이 자리에
서 한 작가는 "문학을 읽고 쓰는 작업은 생명을 파괴하는 모든 행위에 반대한다"라고
수상 소감을 밝혔습니다.

＊ 문화/스포츠/연예부 안테나 기자 antenna@책폴.com

세계 최고 권위의 문학상으로 불려

세계 최고 권위의 문학상으로 여겨지는 노벨 문학상은 알프레드 노벨이 창시한 상입니다. 노벨이 밝힌 선정 기준에 따라 "문학 분야에서 이상적인 방향으로 가장 뛰어난 작품을 생산한 사람"에게 상을 수여합니다. 노벨 문학상은 1901년부터 2024년까지 총 117차례 수여됐습니다. 상을 받은 사람은 2024년 기준 121명. 한 작가는 여성 작가로서는 역대 18번째 수상자였습니다.

노벨 문학상은 후보 목록을 철저히 비밀에 부치기로 유명한데요. 게다가 올해 한 작가는 주요 후보로 언급되지 않았던 터라 누구도 그의 이번 수상을 예상하지 못했습니다.

한국 문학, 세계적으로 인정받은 '사건'

한 작가의 노벨 문학상 수상은 한국 문학이 세계적으로 인정을 받았다는 점에서 엄청난 '사건'이라 할 수 있습니다. 한 작가는 그간 우리 현대사의 아픔을 꾸준히 탐구해 왔어요. 5·18 민주화운동 당시 학살 사건을 다룬 소설 《소년이 온다》와 제주 4·3을 다룬 《작별하지 않는다》가 대표적인 작품이죠.

또한, 인간의 '폭력성'에 대해서도 많은 관심을 기울여 왔습니다. 소설 《채식주의자》를 보면 육식 그리고 가부장제로 상징되는 폭력 앞에 놓인 인간의 모습이 잘 그려져 있습니다.

심화

노벨 문학상 뒷받침해 준 '번역의 힘'

한 작가의 노벨 문학상 수상과 관련하여 '번역의 힘'을 강조하는 이들
도 많습니다. 원작이 아무리 뛰어나도 한국어 작품의 뉘앙스를 살리는
좋은 번역이 없다면 노벨 문학상 수상은 쉽지 않았을 것이라는 의미죠.
한 작가의 주요 작품이 세계에 알려진 데는 영국인 번역가 데버러 스미
스의 공이 컸습니다. 그는 한 작가의 《채식주의자》를 영어로 뛰어나게
번역하여 세계 3대 문학상의 하나로 꼽히는 맨부커 인터내셔널상을
2016년 한 작가와 공동 수상한 바 있습니다.

덕분에 만나는 시사 용어

● **이그 노벨상**

노벨상은 인류의 발전에 기여한 탁월한 학문적 업적을 이룬 사람에게 주는 상이죠? 그
런데 기발한 연구를 통해 세상 사람들에게 웃음 그리고 생각거리를 남긴 연구자에게 주
는 상도 있답니다. 바로 '이그 노벨상'이죠. 이그 노벨상은 미국 하버드대학교의 유머 과
학 잡지인 《황당무계 리서치 연보》가 과학에 대한 관심을 불러일으키기 위해 1991년 제
정한 상입니다. 웃기거나 쓸데없는 연구를 한 사람에게 수여하곤 하죠.

수리수리 논술이

Q1. **노벨 문학상이란 무엇인가요? 기사를 읽고, 간략히 정리해 보세요.**

....

....

Q2. '한강 작가의 노벨 문학상 수상' 소식을 정리해 보세요. 기사에 언급된 내용
에 더해 인터넷에서 다른 사례들도 더 찾아보세요.

....

....

Q3. '한강 작가의 노벨 문학상 수상' 관련 뉴스를 보며 여러분은 어떤 생각을 했
나요? 아래 두 친구처럼 자신의 생각을 써 보세요.

우리나라에서 노벨 문학상 수상자가 나오다니!

	주장	주장에 대한 이유나 부연 설명
윤희	○우리 문화에 대한 관심, 더 커질 것 같아요.	○한강 작가님의 노벨 문학상 수상을 계기로 우리나라 문화에 관심을 갖는 외국 사람들이 더 늘어날 겁니다! 외국인들도 한강 작가님의 책을 많이 사 볼 거고, 이런 책을 쓴 이가 태어난 나라와 그 나라의 문화를 궁금해하는 사람들도 많아질 겁니다.
지민	○번역가님 공로도 인정해야 합니다!	○한강 작가님은 물론이고, 번역가님께도 박수를 보내야 합니다! 작품이 아무리 좋아도, 번역이 잘되지 않았다면, 그 좋은 작품이 인정받는 기회가 오지 않았을 수도 있어요.

정치
⋯⋯⋯⋯⋯
비상계엄

'서울의 봄' 2탄 벌써 개봉했어?

이슈
12월 3일 밤, 대통령의 비상계엄 선포

2024년 12월 3일 밤 10시 23분. 우리나라에 계엄이 선포됐습니다. 윤석열 당시 대통령은 더불어민주당이 정부 관료에 대한 탄핵소추를 연달아 발의해 "행정부를 마비"시키고, 정부 예산안을 대폭 삭감해 "국가 본질의 기능을 훼손"하고 있다면서 비상계엄을 선포하겠다고 밝혔습니다.

때아닌 비상계엄 선포에 국회를 중심으로 극심한 혼란이 벌어졌습니다. 계엄령 선포 직후 경찰은 국회 출입을 통제하고 나섰고, 무장 계엄군이 국회의사당 본청 진입을 시도했는데요. 곧바로 국회 경내에 군 헬기가 착륙했고, 공수부대가 국회 후문으로 진입을 시도하고 있다는 소식도 전해졌습니다. 다행히 곧바로 진행한 국회의 비상계엄 해제 요구 결의안 표결 결과, 재적의원 190명 전원 찬성으로 안건이 가결됐습니다. 이에 대통령 측은 12월 4일 새벽 4시 20분경 담화를 발표해 계엄을 해제하겠다고 밝혔습니다.

이후 '12·3 비상계엄·내란 사태'의 피의자 윤석열 대통령에 대한 탄핵소추안이 국회에 상정됐고, 이 소추안은 비상계엄이 선포된 지 꼭 12일 만인 12월 14일 국회 본회의에서 가결됐습니다. 이후 헌법재판소는 2025년 4월 4일 오전 11시 대심판정에서 재판관 8명 전원일치 의견으로 윤석열 대통령을 파면했습니다.

＊ 정치/경제부 이진실 기자 **honest**@책폴.com

계엄(戒嚴)은 '경계할 계', '엄할 엄' 자를 씁니다. 계엄이 선포되면 시민 개인의 기본권 일부는 제한을 받습니다. 계엄 중에서도 비상계엄은 전쟁 등으로 인해 사회 질서가 극도로 혼란스러워져서 행정·사법 기능의 수행이 곤란해졌을 때 또는 공공질서 유지 등을 위해 선포하는 계엄을 뜻합니다.

2024년 12월 3일 밤, 선포됐던 계엄은 1979년 대통령이었던 박정희 피살 당시 내려진 계엄령 이후 45년 만에 처음 있는 일이었습니다. 참고로 1979년 일어난 계엄은 전두환의 군사 쿠데타로 이어지기도 했었죠. 전두환 등 신군부가 1979년 12월 12일 주도한 군사 반란은 영화 〈서울의 봄〉을 통해서도 만나볼 수 있습니다.

관점

전쟁도, 비상사태도 아닌데 왜?

우리 〈헌법〉에는 '전시·사변 또는 이에 준하는 국가비상사태에 선포할 수 있다'(〈헌법〉 제77조 제1항)라고 적혀 있지만, 2024년 12월 3일은 이런 상황이 전혀 아니었습니다. 헌법재판소는 이날이 국가비상사태가 아니었는데도 대통령이 헌법상 요건을 어겨 불법으로 계엄을 선포했다고 봤습니다. 헌법재판소는 윤 대통령 탄핵심판 선고 주문을 통해 "윤 대통령이 군경을 동원해 국회 등 헌법기관을 훼손하고 국민의 기본적 인권을 침해해 헌법 수호의 의무를 저버렸다"고 했습니다.

그러면서 "피청구인을 파면함으로써 얻는 헌법 수호 이익이 파면에 따른 국가적 손실을 압도할 정도로 크다"고 강조했습니다.

민주주의와 주권, 평화롭게 외친 시민들

4·19부터 5·18, 6·10, 2016년 '박근혜 탄핵' 촛불까지 우리나라 시민들은 불의의 권력에 맞서 '민주주의'를 외친 바 있습니다. 이번 계엄 사태 때도 마찬가지였죠. 국회가 대통령 탄핵소추안 투표를 하던 2024년 12월 14일, 서울 여의도 국회의사당을 비롯하여 전국적으로 수많은 시민들이 광장에 나와 한목소리로 '대통령 탄핵'을 외쳤습니다. 시민들이 응원봉을 들고 펼친 비폭력 평화 시위는 전 세계의 주목을 받기도 했습니다. 로이터통신은 "시민들이 시위에 들고 나온 응원봉이 기존의 촛불을 대체하며 비폭력과 연대의 상징으로 떠올랐다"고 전했습니다.

덕분에 만나는 시사 용어

● 탄핵소추

계엄 관련 뉴스에서 '탄핵소추'라는 표현이 자주 나옵니다. 탄핵소추는 대통령, 국무총리, 국무위원 등 고위 공직자가 〈헌법〉이나 법률을 위반한 경우 국회가 공직자를 파면하기 위해 헌법재판소에 심판을 청구하는 절차를 말해요. 〈헌법〉 제65조에 규정돼 있죠. 대통령은 국회 재적 의원 과반이 발의 후, 3분의 2의 찬성으로 의결할 수 있어요. 탄핵 의결이 되면 즉시 직무가 정지되죠. 헌법재판소는 사건 접수 180일 안에 선고를 내려야 하고요.

수리수리 논술이

Q1. '계엄'이란 무엇인가요? 기사를 읽고, 간략히 정리해 보세요.

Q2. 2024년 12월 3일 밤, 우리나라에선 무슨 일이 일어났나요? 기사를 읽고, 관련 내용을 정리해 보세요. 기사에 언급된 내용에 더해 인터넷에서 다른 사례들도 더 찾아보세요.

....

....

Q3. '2024년 12월 3일 계엄령' 관련 뉴스를 보며 여러분은 어떤 생각을 했나요? 아래 두 친구처럼 자신의 생각을 써 보세요.

12월 3일 밤, 비상계엄

	주장	주장에 대한 이유나 부연 설명
진민	○대통령이 사과하고, 처벌도 받아야죠!	○이번 계엄에 대해선 대통령이 사과하고, 벌을 받아야 해요! 국가 비상사태도 아닌데 갑자기 왜 계엄령을 내린 건지 이해할 수가 없어요. 계엄 탓에 우리나라 경제가 계속 안 좋아진다고 하더라고요. 이에 대해서도 책임을 져야죠.
지선	○민주주의 중심인 국회를 막다니! 처벌받아 마땅합니다!	○대통령이 국회를 막도록 군인에게 지시한 것부터가 문제가 있습니다. 처벌을 받아야 해요! 국회는 민주주의의 중심이자 국민의 목소리가 담긴 매우 중요한 장소잖아요. 국회를 막은 건 국민의 소리, 국민의 마음을 막겠다는 의미죠.

책폴